# 主要撰写人员

（按姓名笔画排序）

| | | | | |
|---|---|---|---|---|
| 马建蕾 | 王　丹 | 王东辉 | 王占禄 | 王岫嵩 |
| 王学兰 | 王　婉 | 田　甜 | 田维明 | 邢晓荣 |
| 迁　阳 | 吕向东 | 吕建兴 | 刘芳菲 | 刘丽佳 |
| 刘启正 | 刘武兵 | 刘　岩 | 刘润秋 | 刘　超 |
| 杨妙曦 | 杨　静 | 李亮科 | 李　婷 | 张小强 |
| 张军平 | 张明杰 | 张明霞 | 张　益 | 陈　青 |
| 陈述平 | 陈建新 | 林　泉 | 宗会来 | 赵　平 |
| 赵军华 | 赵学尽 | 赵淑杰 | 胡永和 | 柳苏芸 |
| 姜福元 | 秦天放 | 黄　飞 | 梁　勇 | 梁　晓 |
| 董　程 | 韩一军 | 韩芳芳 | 蔡之舟 | 潘　久 |
| 霍春悦 | | | | |

2018

# 中国农产品贸易发展报告

CHINA AGRICULTURAL TRADE DEVELOPMENT REPORT

农业农村部国际合作司
农业农村部农业贸易促进中心

中国农业出版社
北 京

# 序　言

2017 年，世界经济复苏力度加大，需求稳中有增。部分大宗产品国际价格回升，全球农产品市场继续保持供需宽松格局。在需求增长和国内外价差的推动下，我国以油籽为代表的大宗农产品进口量仍处高位，加上进口价格上升，2017 年我国农产品进口额增长 12.8%，拉动农产品贸易总额首次突破 2 000 亿美元，逆差重回 500 亿美元以上。其中，大米、小麦、玉米三大主粮产品合计进口 1 127.5 万吨，比 2012 年历史峰值少 0.3 万吨；棉花进口 136.3 万吨，比上年增长 9.9%，为连降 4 年后首次增长；食用油籽进口突破 1 亿吨，其中大豆进口 9 552.6 万吨，比上年增长 13.8%，为历史新高；食糖和干玉米酒糟（DDGS）进口在贸易救济措施作用下大幅下降；牛羊肉进口 94.4 万吨，比上年增长 18%，为历史新高；乳品进口量也为新高。蔬菜出口延续稳定增长势头，但水产品和水果出口增长乏力。

《2018 中国农产品贸易发展报告》详细介绍了 2017 年我国农产品贸易情况，在分品种、分地区阐释农产品贸易变化情况的同时，总结了农业贸易谈判、贸易救济和贸易促进的总体进展，回顾了与主要贸易伙伴和世界农产品贸易的相关情况。

在本书编写过程中，农业农村部领导、部内相关司局和有关专家给予了大力支持和帮助。谨向所有关心本书出版的各界人士表示衷心的感谢！

编委会

2018年7月

# 目录

## 分论



## 专论

## 附录

# 总论

2018 中国农产品贸易发展报告

# 2017年国内外经贸环境变化

## 世界经济

2017年，国际政治呈现大变局状态，给全球经济贸易发展带来诸多不确定性。以“美国优先”作为竞选口号的特朗普上任后，采取了一系列逆转前任奥巴马政府政策的举措，如退出应对全球气候变化的《巴黎协定》、退出与11个区域贸易伙伴刚达成的《跨太平洋伙伴关系协定》（TPP）、停止与欧盟谈判《跨大西洋贸易与投资伙伴关系协定》（TTIP）、与加拿大和墨西哥重谈《北美自由贸易协定》（NAFTA）等，触发了国际关系的大调整。英国启动“脱欧”进程给仍深陷困境的欧盟带来额外困扰；在荷兰、法国、奥地利和德国等多个欧洲国家的选举中，民粹政党强势崛起，德国陷入看守政府管理困境，一些东欧成员国强烈质疑欧盟的移民政策，只有奉行“欧洲主义”的马克龙赢得法国大选为防止欧洲一体化进程脱轨带来希望。在亚洲地区，朝鲜半岛局势复杂多变，西亚地区恐怖主义势力依然猖獗，迫使各国将焦点更多放在应对政治危机，而不是协力发展经济。非洲一些重要国家也发生政治风波，如肯尼亚总统选举一波三折、穆加贝被迫辞去津巴布韦总统职务等，但社会总体保持稳定。在南美，巴西和委内瑞拉出现政局动荡，对社会经济发展造成不利影响。

从世界范围看，尽管民粹主义抬头伴随着贸易保护主义强化和国际机构功能削弱，致使经济全球化遭遇强劲“逆风”，但世界经济在经历了全球金融危机导致的10年徘徊后终于步入相对稳健的复苏，主要经济体增速同步加快，国际贸易走出持续多年的低迷。根据国际货币基金组织（IMF）发布的数据，2017年全球经济增长3.8%，增幅比上年提高0.6个百分点（表1）。分类型看，发达经济体增长2.3%，比上年提高0.6个百分点；新兴市场和发展中经济体增长

4.8%，比上年提高 0.4 个百分点。发达经济体中，美国、欧元区和日本经济均呈现较强复苏，增幅分别由上年的 1.5%、1.8% 和 0.9%提高到 2.3%、2.3%和 1.7%。主要新兴经济体中，中国通过推进供给侧结构性改革逆转了经济增幅下滑局面，实现了 6.9%的增长；印度实施了一系列以激发经济增长潜能为目标的改革政策，但强力推进“废钞令”和统一全国商品和服务税对非正规部门造成了冲击，导致经济增幅由上年的 7.1%降到 6.7%；俄罗斯和巴西均扭转了经济下滑态势，增幅分别为 1.5%和 1%。

**表 1　2016—2017 年世界经济增长情况**

单位：%

| 年　份 | 2016 | 2017 | |
|---|---|---|---|
| | | 全年 | 第四季度 |
| 世界经济 | 3.2 | 3.8 | 4.0 |
| 发达经济体 | 1.7 | 2.3 | 2.6 |
| 美国 | 1.5 | 2.3 | 2.6 |
| 欧元区国家 | 1.8 | 2.3 | 2.7 |
| 日本 | 0.9 | 1.7 | 2.1 |
| 新兴市场和发展中经济体 | 4.4 | 4.8 | 5.2 |
| 新兴和发展中亚洲 | 6.5 | 6.5 | 6.7 |
| 新兴和发展中欧洲 | 3.2 | 5.8 | 5.9 |
| 独联体 | 0.4 | 2.1 | 1.9 |
| 拉丁美洲和加勒比 | −0.6 | 1.3 | 1.7 |
| 中东、北非、阿富汗和巴基斯坦 | 4.9 | 2.6 | … |
| 撒哈拉以南非洲 | 1.4 | 2.8 | … |

数据来源：IMF《世界经济展望》，2018 年 4 月。

全球经济复苏带动了贸易发展。根据世界贸易组织（WTO）数据，2017 年世界商品贸易额增长 4.7%，增幅比上年提高 2.9 个百分点。出口额方面，发达经济体增长 3.5%，新兴市场和发展中经济体增长 5.7%，分别比上年提高 2.4 和 3.5 个百分点；进口额方面，发达经济体增长 3.1%，新兴市场和发展中经济体增长 7.2%，分别比上年提高 1.1 和 5.3 个百分点。

随着全球经济复苏，初级产品价格出现

反弹。根据IMF数据，年内原油价格上升23.1%，非燃料初级产品价格上升6.5%。消费者价格增幅方面，发达经济体为1.7%，比上年提高0.9个百分点；新兴市场和发展中经济体为4.1%，比上年下降0.2个百分点。

## 世界农产品市场

2017年，全球粮食供需关系继续呈现宽松状态。根据联合国粮食及农业组织（FAO）发布的数据，2016/17年度，全球谷物产量26.1亿吨，增长2.8%；使用量25.7亿吨，增长2%；出口量4.1亿吨，增长3.6%；期末库存7.2亿吨，增长4.2%（表2）。库存消费比27.6%，比上一年度提高0.7个百分点，为近10年的历史最高位。值得注意的是，近年俄罗斯和乌克兰的粮食生产快速增长，出口随之增加，2016/17年度分别出口3 652万吨和4 431万吨，成为新兴谷物出口大国。

**表2　近年世界谷物生产、使用、库存和贸易**

单位：百万吨、%

| 年　份 | | 2014/2015 | 2015/2016 | 2016/2017 | 2016/2017年度比上年度增长 | 年　份 | | 2014/2015 | 2015/2016 | 2016/2017 | 2016/2017年度比上年度增长 |
|---|---|---|---|---|---|---|---|---|---|---|---|
| 生产 | 谷　物 | 2 569.6 | 2 540.0 | 2 611.2 | 2.8 | 出口 | 谷　物 | 377.8 | 391.4 | 405.7 | 3.6 |
| | 小麦 | 731.8 | 734.2 | 759.6 | 3.5 | | 小麦 | 156.8 | 166.7 | 176.6 | 5.9 |
| | 大米 | 493.6 | 490.8 | 500.2 | 1.9 | | 大米 | 45.1 | 41.5 | 47.9 | 15.4 |
| | 粗粮 | 1 344.2 | 1 315.0 | 1 351.4 | 2.8 | | 粗粮 | 176.0 | 183.2 | 181.2 | −1.1 |
| 使用 | 谷　物 | 2 499.6 | 2 521.5 | 2 572.9 | 2.0 | 期末库存 | 谷　物 | 676.8 | 691.3 | 720.0 | 4.2 |
| | 小麦 | 712.0 | 709.5 | 733.9 | 3.4 | | 小麦 | 210.8 | 230.4 | 252.0 | 9.4 |
| | 大米 | 489.9 | 492.3 | 497.5 | 1.0 | | 大米 | 168.8 | 167.4 | 168.9 | 0.9 |
| | 粗粮 | 1 297.7 | 1 319.7 | 1 341.6 | 1.7 | | 粗粮 | 297.2 | 293.5 | 299.2 | 1.9 |

数据来源：FAO《谷物供需简报》(CEREAL SUPPLY AND DEMAND BRIEF)，2018年4月。

根据世界银行（WB）发布的数据，2017年农产品价格较上年下跌0.5%，食物价格上升0.7%。分类看，谷物价格下跌0.2%，油料油脂价格下跌0.5%，工业原料农产品价格上升9.3%。同期能源价格上升23.6%，化肥价格下跌3.5%（图1）。

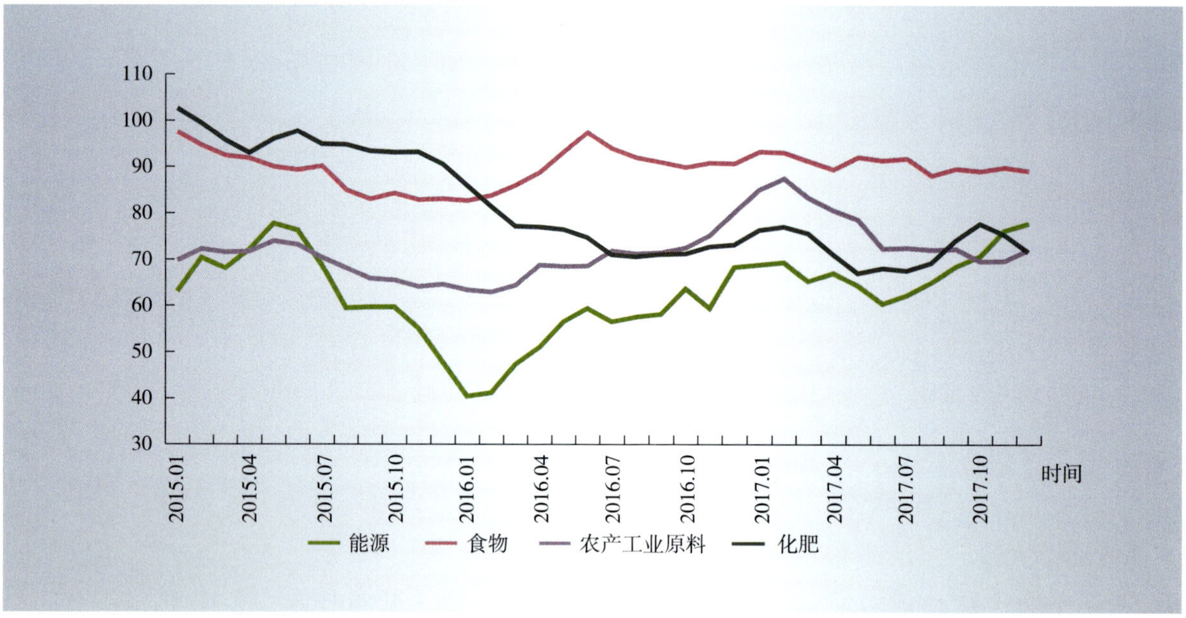


图 1　2015—2017 年国际市场初级产品价格指数变化

数据来源：世界银行。价格指数以 2010 年为 100。

年内主要农产品价格走势不一（图 2）。美国 1 号硬粒红小麦海湾离岸价前期上涨，7 月达到年内最高的每吨 202 美元，8 月大幅下跌到 171 美元，随后小幅波动回升，12 月为 184 美元。美国 2 号黄玉米海湾离岸价整体呈现波动下滑态势，年内最高为 2 月的每吨 163 美元，最低为 9 月的 147 美元，12 月为 149 美元。5%碎米率大米曼谷离岸价前期上涨，后期下跌，年内最低为 2 月的每吨 367 美元，6 月上升到年内最高的 458 美元，12 月收于 406 美元。美国大豆鹿特丹港到岸价年初下滑后转稳，2 月处于年内最高的每吨 427 美元，5 月下滑到年内最低的 380 美元，12 月回弹到 399 美元。荷兰豆油出厂价由 1 月的每吨 872 美元先下滑到 4 月的年内最低价 791 美元，随后反弹到 9 月的年内最高价 882 美元，其后小幅波动，12 月收于 866 美元。

棉花 COTLOOK A 远东指数价格波动相对较小，1 月每吨 1 815 美元，5 月上涨到年内最高的 1 954 美元，随后下滑到 10 月的 1 733 美元，12 月回升到 1 883 美元。食糖价格上半年大幅下降，最高为 1 月的每吨 448 美元，6 月降至年内最低的 306 美元，其后基本维持在 320 美元左右。牛肉价格前期波动上升，由 1 月的年内最低每吨 3 913 美元上升至 7 月的年内最高 4 539 美元，8 月大幅回落到 4 173 美元，其后价格趋稳，12 月收于 4 074 美元。鸡肉价格前涨后跌，1 月为年内最低的每吨 1 940 美元，6 月上升到年内最高的 2 434 美元，12 月回落到 1 966美元。

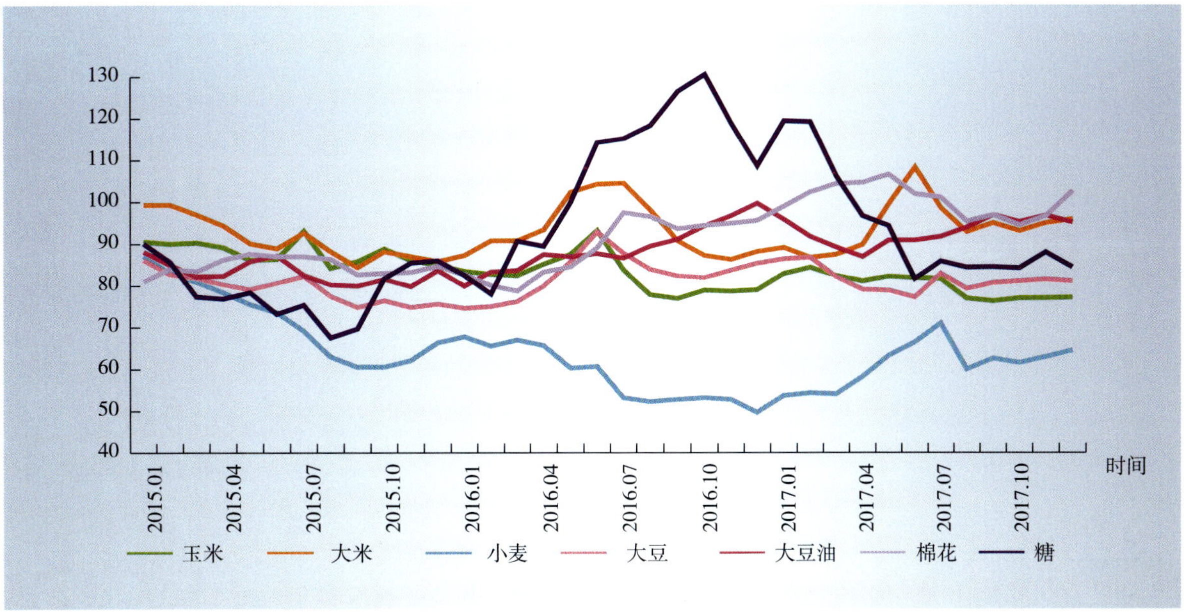


图 2　2015—2017 年国际市场主要农产品价格指数变化

注：各商品的价格指数均以 2014 年平均价格为 100。

数据来源：世界银行。价格指数以 2014 年平均价格为 100。

## 中国宏观经济①

2017 年，中国政府坚持稳中求进工作总基调，以供给侧结构性改革为主线，统筹推进稳增长、促改革、调结构、惠民生、防风险各项工作，经济运行稳中有进、稳中向好、好于预期，经济社会保持平稳健康发展。

2017 年，中国国内生产总值 82.71 万亿元，比上年增长 6.9%。其中，第一产业增加值 6.5 万亿元，增长 3.9%；第二产业增加值 33.5 万亿元，增长 6.1%；第三产业增加值 42.7 万亿元，增长 8.0%。全年人均国内生产总值 59 660 元，比上年增长 6.3%。居民消费价格比上年上涨 1.6%，其中食品价格下降 0.4%。全国居民人均可支配收入 25 974 元，比上年增长 9%，扣除价格因素，实际增长 7.3%，城乡居民收入差距继续缩小。全年货物进出口总额 27.8 万亿元，比上年增长 14.2%。其中，出口 15.3 万亿元，增长 10.8%；进口 12.5 万亿元，增长 18.7%；贸易顺差 2.9 万亿元，比上年减少 0.5 万亿元（图 3）。

2017 年，人民币对美元汇率 1—5 月水平波动，6—10 月趋于升值，年末略有贬值；对欧元汇率 1—8 月波动贬值，其后波

① 除特别注明外，本报告正文和图表中引用的中国经济数据均未包括香港、澳门特别行政区和台湾省。

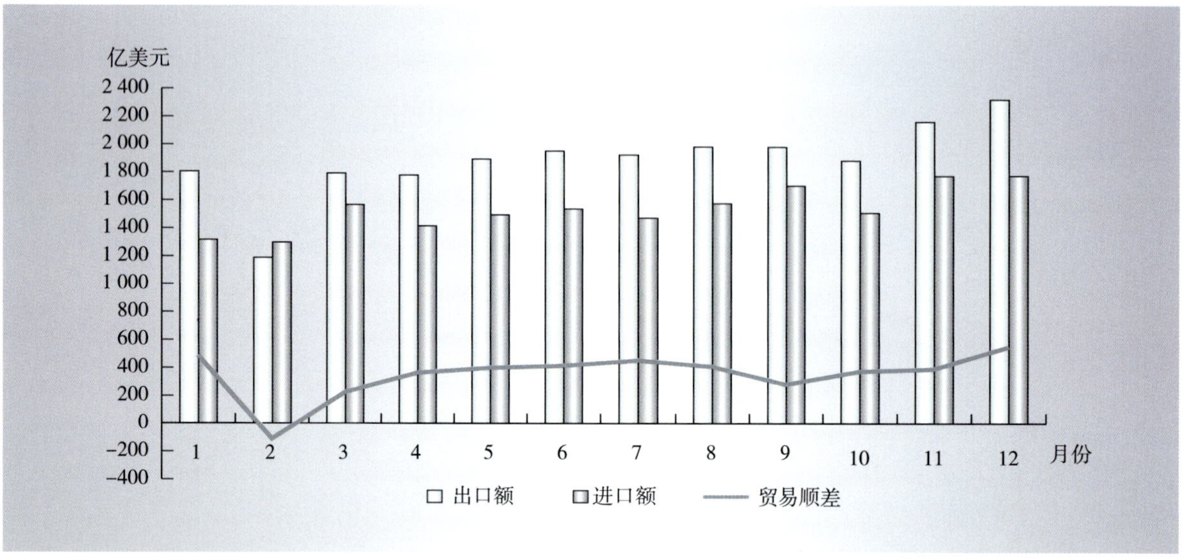


图 3　2017 年中国对外贸易发展变化情况

数据来源：中国海关统计。

动升值；对日元汇率 1—4 月趋于贬值，其后波动升值（图 4）。12 月与上年同期平均汇率相比，人民币对美元升值 4.9%，对欧元贬值 6.5%，对日元升值 2.3%。根据国际结算银行（BIS）数据，年内人民币实际有效汇率呈现 U 形变化，1—5 月贬值，其后升值，12 月汇率同比贬值 1%。

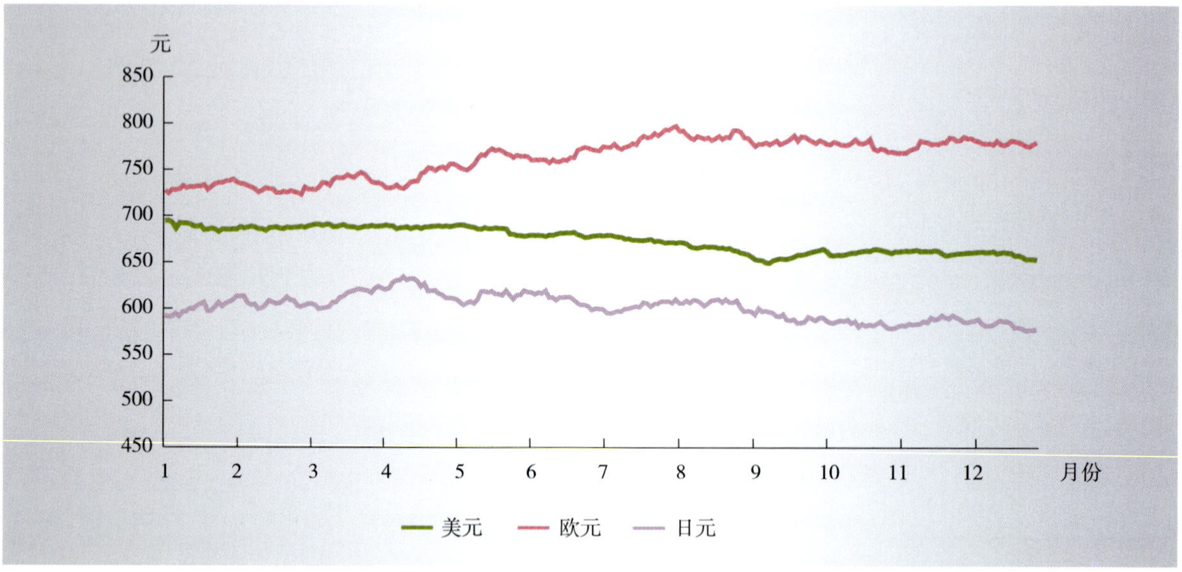


图 4　2017 年人民币汇率变化

数据来源：国家外汇管理局。汇率采取直接标价法，为 100 美元或欧元及 1 万日元折合人民币数量。

注　除特别注明外，本报告正文和图表中引用的中国经济数据均未包括香港、澳门特别行政区和台湾省。

## 中国农业农村经济

2017 年，国际市场农产品价格相对稳定，国内农业供给侧结构性改革取得实效，农业生产和农村经济保持了良好发展态势。

2017 年，全年粮食种植面积比上年下降 0.7%，但总产量增长 0.3%。经济作物中，棉花增产 3.5%，油料增产 2.8%，糖料增产 1.7%，茶叶增产 6%。畜产品中，肉类增长 0.8%，禽蛋下降 0.8%，牛奶下降 1.6%。水产品增长 0.5%（表 3）。

**表 3 2017 年中国主要农产品生产情况**

单位：万吨、%

| 产　品 | 产　量 | 比上年增长 |
|---|---|---|
| 粮食 | 61 791 | 0.3 |
| 谷物 | 56 455 | −0.1 |
| 稻谷 | 20 856 | 0.7 |
| 小麦 | 12 977 | 0.7 |
| 玉米 | 21 589 | −1.7 |
| 棉花 | 549 | 3.5 |
| 油料 | 3 732 | 2.8 |
| 糖料 | 12 556 | 1.7 |
| 茶叶 | 255 | 6.0 |
| 肉类 | 8 431 | 0.8 |
| 猪肉 | 5 340 | 0.8 |
| 牛肉 | 726 | 1.3 |
| 羊肉 | 468 | 1.8 |
| 禽肉 | 1 897 | 0.5 |
| 禽蛋 | 3 070 | −0.8 |
| 牛奶 | 3 545 | −1.6 |
| 水产品 | 6 938 | 0.5 |
| 养殖水产品 | 5 281 | 2.7 |
| 捕捞水产品 | 1 656 | 5.8 |

年内农村劳动力非农业就业继续较快增长，全国农民工总量 28 652 万人，比上年增长 1.7%。其中，外出农民工 17 185 万人，增长 1.5%；本地农民工 11 467 万人，增长 2%。全国农民工人均月收入 3 485 元，比上年增长 6.4%。年内农产品生产者价格

下降 3.5%，农村居民人均可支配收入 13 432元，比上年增长 8.6%，扣除价格因素，实际增长 7.3%。按每人每年 2 300 元（2010 年不变价）的农村贫困标准计算，2017 年末农村贫困人口 3 046 万人，比上年减少 1 289 万人；贫困发生率 3.1%，比上年下降 1.4 个百分点。贫困地区农村居民人均可支配收入 9 377 元，比上年增长 10.5%，扣除价格因素，实际增长 9.1%。

## 中国农业贸易政策环境

### （一）深化农业供给侧结构性改革

2017 年，中国政府继续推进农业供给侧结构性改革，加快培育农业农村发展新动能，促进农业农村发展转向追求绿色生态可持续、注重质量需求。中央 1 号文件将创造良好的农产品国际贸易环境作为重要任务之一，提出要统筹利用国际市场，优化国内农产品供给结构，健全公平竞争的农产品进口市场环境；健全农产品贸易反补贴、反倾销和保障措施法律法规，依法对进口农产品开展贸易救济调查；鼓励扩大优势农产品出口，加大海外推介力度；加强农业对外合作，推动农业走出去；以“一带一路”沿线及周边国家和地区为重点，支持农业企业开展跨国经营，建立境外生产基地和加工、仓储物流设施，培育具有国际竞争力的大企业大集团；积极参与国际贸易规则和国际标准的制定修订，推进农产品认证结果互认工作；深入开展农产品反走私综合治理，实施专项打击行动。文件也特别强调了做好全面提升农产品质量和食品安全水平、深化粮食等重要农产品价格形成机制和收储制度改革、完善农业补贴制度等与农产品贸易发展关系密切的工作。

### （二）多种方式扩大农产品市场开放

年内中国政府多次自主降低关税。从 2017 年 1 月 1 日起对 822 项进口商品实行较低的暂定税率，其中包括 60 项农产品，涉及水产品、园艺产品、动物产品和加工食品。按照国务院 2014 年批准的《关于对最不发达国家 97%税目产品实施零关税的方案》对部分最不发达国家实行零关税，从 2017 年 12 月 1 日起，冈比亚共和国、圣多美和普林西比民主共和国纳入该名单。12 月 1 日，中国政府又以暂定税率方式降低 187 项消费品进口关税，其中包括 33 项农产品。中国政府还按与东盟、澳大利亚、韩国、瑞士、智利、哥斯达黎加、冰岛、新西兰和秘鲁的自贸协定以及内地分别与港澳的更紧密经贸安排（CEPA），进一步降低部分产品的协定税率。

### （三）在 WTO 多边框架下积极应对农产品贸易争端

美国于 2016 年 9 月 13 日向 WTO 提出就中国农业国内支持措施进行磋商的请求，当年 12 月 5 日申请成立专家组审理此案，专家组已经于 2017 年 6 月成立。美国还于 2016 年 12 月 15 日向 WTO 提出就中国的农产品进口关税配额管理制度进行磋商的请求，根据美国申请，WTO 争端解决机构于

2017年9月22日决定成立专家组审理此案。这两起案件虽直接针对的是中国农业支持政策和进口管理制度，但审理结果势必会影响到其他发展中成员可以利用的农业政策空间，因而受到很多成员的关注。中国针对上述案件在WTO积极应诉。

年内中国政府按WTO规则就多项农产品实施贸易救济措施。商务部公告，自2017年1月12日起，对原产于美国的进口干玉米酒糟产品征收反倾销税和反补贴税，实施期限5年；自5月22日起，对进口食糖产品实施保障措施，实施期限3年，对部分发展中国家豁免；自2017年8月18日起，对原产于巴西的进口白羽肉鸡产品进行反倾销立案调查；自2017年9月16日起，对原产于欧盟的进口马铃薯淀粉继续征收反补贴税，实施期限5年。

**（四）积极推进自贸区建设**

中国政府积极推进自贸区建设，年内分别于5月与格鲁吉亚、12月与马尔代夫签署了自贸协定。根据中格自贸协定，格鲁吉亚对中国96.5%的产品立即实施零关税，覆盖其自中国进口总额的99.6%；中国将在5年内对格鲁吉亚93.9%的产品实施零关税，覆盖中国自格鲁吉亚进口总额的93.8%，格鲁吉亚的葡萄酒、蜂蜜和果汁将是受惠的主要农产品。根据中马自贸协定，马尔代夫将对花卉、蔬菜和加工水产品等中国出口优势产品取消关税，中国将对占税目数93.6%的农产品取消关税，其中包含马方重点关注的绝大部分鱼和其他水产品。

中国与智利于11月签署了自贸区升级议定书，双方承诺进一步对54个产品实施零关税，总体零关税产品比例将达到约98%，中智自贸协定成为迄今中国货物开放水平最高的自贸协定。根据协定，智利将在议定书生效后对中方立即取消纺织服装、家电和蔗糖等24个产品关税。

# 2017年中国农产品贸易发展

## 进出口规模

2017 年，中国农产品贸易全面增长，出口额 755.3 亿美元，比上年增长 3.5%；进口额 1 258.6 亿美元，增长 12.8%；贸易逆差 503.2 亿美元，增加 41.2 亿美元。分月度看，出口额方面，2 月由于春节因素降幅较大，6 月和 10—12 月增长较快；进口额方面，2 月增长近 40%，其余各月增幅较为稳定（图 5）。

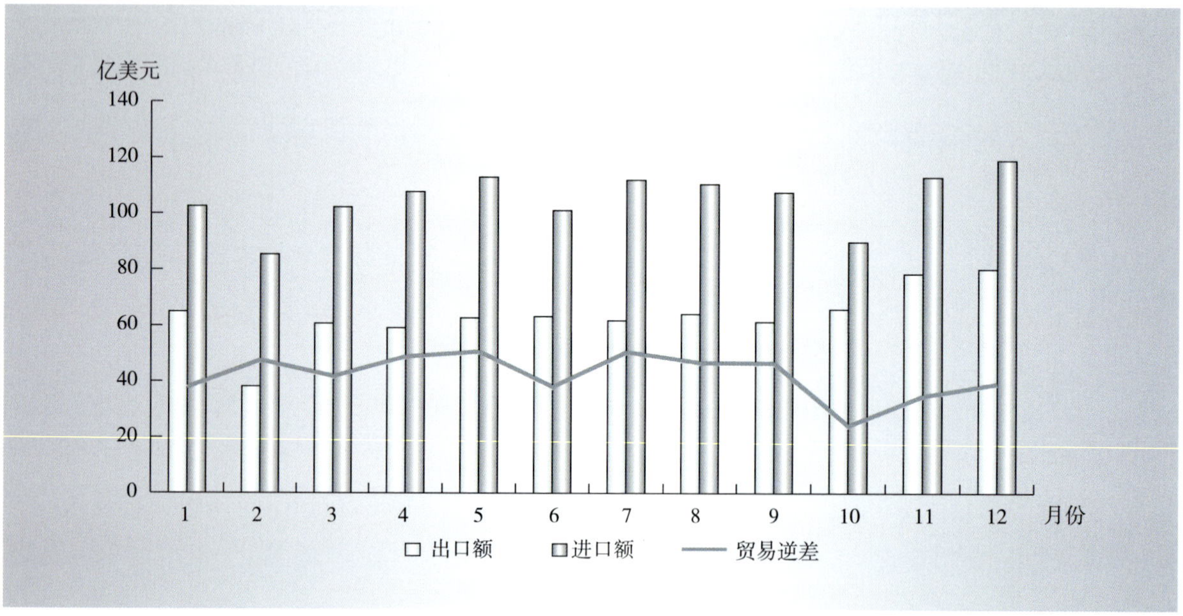


图 5　2017 年中国农产品对外贸易发展变化情况

## 产品结构

分大类看，出口额居前五位的农产品依次为水产品、蔬菜、水果、畜产品和饮品；进口额居前五位的农产品依次为油籽、畜产品、水产品、植物油和饮品（图6）。

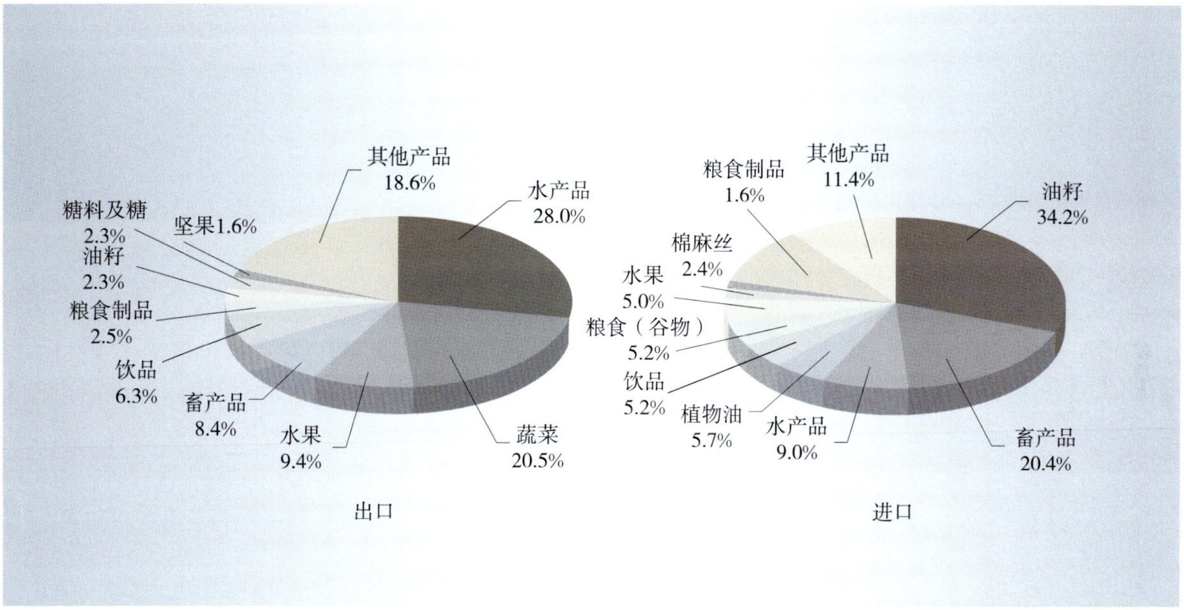


图6　2017年中国农产品进出口结构

谷物进出口量均增长。全年出口161.6万吨，比上年增长1.5倍；进口2 560.1万吨，增长16.4%；贸易逆差56.9亿美元，增加4.1亿美元。分品种看，小麦产品、大麦产品和稻谷产品进出口量双增长，玉米产品和高粱产品出口量增长、进口量下降。在高粱产品和玉米产品进口分别下降160万吨和34万吨的同时，大麦产品进口增长386万吨，替代了部分高粱和玉米产品。食用油籽和植物油均进出口双增。食用油籽出口110万吨，比上年增长25.9%；进口1亿吨，增长13.9%；贸易逆差413.8亿美元，增加57.7亿美元，在大类商品中居第一位。食用植物油出口20.2万吨，进口742.8万吨，分别增长75.5%和7.9%，贸易逆差54.5亿美元。

棉花进口比上年大幅增加。进口量136.3万吨，比上年增长9.9%，但仍处于历史低位；由于国际市场棉花价格回升，进口额大幅增长32.7%，为23.6亿美元。

食糖出口量增加、进口量下降。出口量15.8万吨，增长6%；进口量229万吨，下降25.2%；进口额10.8亿美元，下降7.9%。

蔬菜进出口额双增。出口155.2亿美元，比上年增长5.2%；进口5.5亿美元，增长3.5%；贸易顺差149.7亿美元，在大类农产品中保持首位。

水果出口额下降，进口额增长。出口额

70.8亿美元，下降0.9%；进口额62.6亿美元，增长7.6%；贸易顺差8.2亿美元，下降38.3%。

坚果出口额11.9亿美元，增长0.2%；进口额9.1亿美元，增长33.4%；贸易顺差2.8亿美元，下降44.5%。

畜产品出口63.6亿美元，增长12.7%；进口256.2亿美元，增长9.5%；贸易逆差192.6亿美元，在大类农产品中居第二位。

水产品出口211.5亿美元，增长2%；进口113.5亿美元，增长21%；贸易顺差98亿美元，比上年减少15.6亿美元，居大类农产品第二位。

## 市场结构

除南美洲外，中国对其余主要大洲的农产品出口均增长。对亚洲出口486.4亿美元，增长2.4%。对欧洲出口111.1亿美元，增长5.4%。对北美洲出口96.1亿美元，增长4.6%。对非洲出口30.8亿美元，增长16.3%。对南美洲出口17.3亿美元，下降2.9%。对大洋洲出口13.6亿美元，增长3.6%。

从各大洲的农产品进口全面增长。从南美洲进口344.5亿美元，增长20%。从北美洲进口312亿美元，增长5.5%。从亚洲进口231亿美元，增长10%。从欧洲进口190.7亿美元，增长4.7%。从大洋洲进口150.9亿美元，增长33.8%。从非洲进口29.4亿美元，增长4.3%。

中国农产品贸易对亚洲和非洲为顺差，对其他大洲为逆差。对亚洲的贸易顺差为255.3亿美元；对南美洲、北美洲的贸易逆差最大，分别为327.2亿美元和215.9亿美元（表4）。

**表4 2017年中国农产品贸易区域分布**

单位：亿美元、%

| 区域 | 贸易额 | | | | 比上年增长 | | 所占比重 | |
|---|---|---|---|---|---|---|---|---|
| | 进出口 | 出口额 | 进口额 | 差额 | 出口 | 进口 | 出口 | 进口 |
| 合　计 | 2 013.9 | 755.3 | 1 258.6 | −503.3 | 3.5 | 12.8 | 100.0 | 100.0 |
| 亚　洲 | 717.4 | 486.4 | 231.0 | 255.3 | 2.4 | 10.0 | 64.4 | 18.4 |
| 欧　洲 | 301.8 | 111.1 | 190.7 | −79.7 | 5.4 | 4.7 | 14.7 | 15.2 |
| 北美洲 | 408.1 | 96.1 | 312.0 | −215.9 | 4.6 | 5.5 | 12.7 | 24.8 |
| 非　洲 | 60.3 | 30.8 | 29.4 | 1.4 | 16.3 | 4.3 | 4.1 | 2.3 |
| 南美洲 | 361.8 | 17.3 | 344.5 | −327.2 | −2.9 | 20.0 | 2.3 | 27.4 |
| 大洋洲 | 164.5 | 13.6 | 150.9 | −137.2 | 3.6 | 33.8 | 1.8 | 12.0 |

从国别（地区）贸易看，前五大出口市场依次为日本、中国香港、美国、韩国和越南，合计占出口总额的49.2%。前五大进口来源地依次为美国、巴西、澳大利亚、加拿大和新西兰，合计占进口总额的55.5%。对中国香港、日本、韩国、中国台湾和越南的贸易顺差排前五位，分别为95.1亿美元、94亿美元、38.4亿美元、16.9亿美元和16.2亿美元。对巴西、美国、澳大利亚、新西兰和加拿大的贸易逆差排前5位，分别为235.3亿美元、163.8亿美元、79.9亿美元、58.1亿美元和55亿美元（图7）。

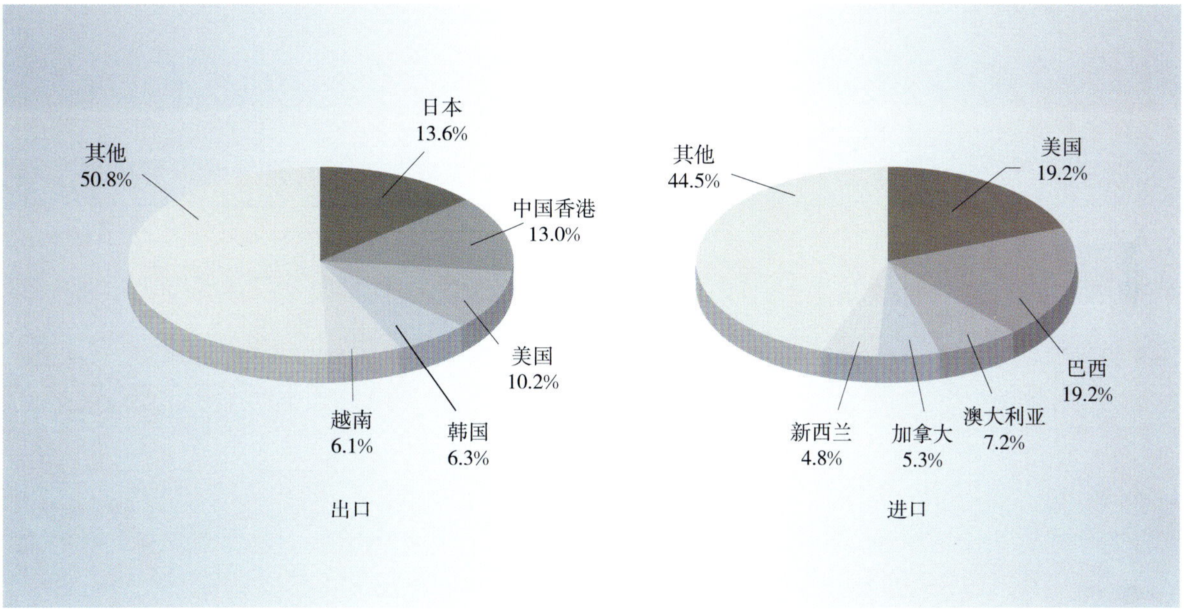


图7　2017年中国农产品出口市场和进口来源地结构

与自由贸易区伙伴之间的农产品贸易整体上继续保持良好发展势头。对东盟出口158.6亿美元，增长3%；对中国香港出口98.4亿美元，下降1.2%；对韩国出口47.7亿美元，增长2%；对中国台湾出口24.8亿美元，增长7.7%；对澳大利亚出口10.1亿美元，增长2.3%。从东盟进口167.8亿美元，增长12%；从澳大利亚进口90亿美元，增长34.4%；从新西兰进口60亿美元，增长33.2%；从智利进口22.2亿美元，下降3.8%；从秘鲁进口17.5亿美元，增长66%。对全部自贸区伙伴出口合计353.9亿美元，占农产品出口总额的46.9%；从全部自贸区伙伴进口合计384.8亿美元，占农产品进口总额的30.6%。

## 国内进出口地区结构

四大地区的农产品贸易均呈进出口全面增长局面。东部地区出口503亿美元，同比增长1.6%，占出口总额的66.6%；西部地区出口99.1亿美元，增长2.4%；中部地区出口77亿美元，增长12.6%，增幅最大；东北地区出口76.2亿美元，增长

9.5%。东部地区进口 1 022.4 亿美元，同比增长 12.4%，占进口总额的 81.2%；西部地区进口 92.1 亿美元，增长 24.1%，增幅居首；东北地区进口 88.8 亿美元，增长 8.8%；中部地区进口 55.2 亿美元，增长 9.2%。中部地区和西部地区贸易顺差分别为 21.8 亿美元和 7 亿美元，东部地区和东北地区的贸易逆差分别为 519.4 亿美元和 12.6 亿美元。

农产品出口额排前五位的省依次为山东、广东、福建、辽宁和浙江，合计占出口总额的 61.8%。出口额增长的有 24 个省（自治区、直辖市），其中山西、青海和宁夏的增幅居前三位，分别为 38%、35.3%和 27.5%；出口额下降的有 7 个省（自治区、直辖市），其中西藏和重庆降幅超过 15%。农产品进口额排前五位的省（直辖市）依次为广东、江苏、山东、上海和天津，合计占进口总额的 65.2%。进口额增长的有 27 个省（自治区、直辖市），其中青海、甘肃、陕西和四川的增幅超过 40%；进口额下降的有 4 个省（自治区、直辖市），其中山西和宁夏的降幅分别为 61%和 35.1%（图 8）。

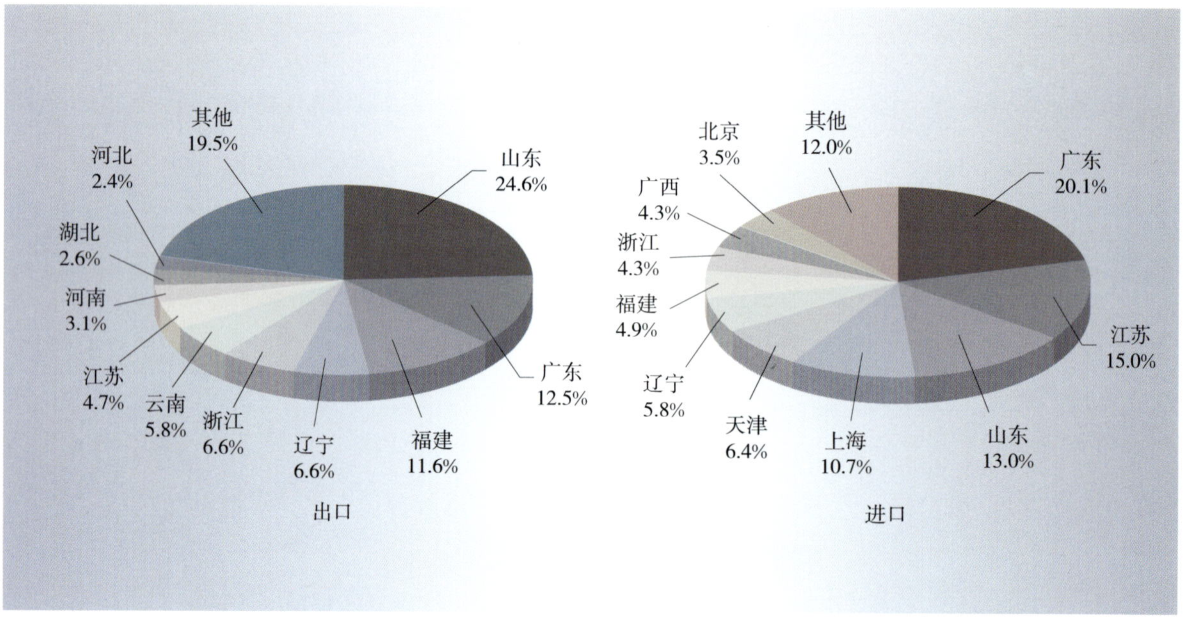


图 8　2017 年中国各省（自治区、直辖市）农产品进出口所占比重

31 个省（自治区、直辖市）中，有 19 个实现农产品贸易顺差。顺差居前五位的省及顺差额分别为：云南 35.8 亿美元，福建 26.4 亿美元，山东 22.3 亿美元，湖北 9.4 亿美元，黑龙江 7 亿美元。逆差居前五位的省（自治区、直辖市）及逆差额分别为：广东 158.1 亿美元，江苏 153.5 亿美元，上海 121.1 亿美元，天津 72.7 亿美元，广西 42.4 亿美元。

## 农产品贸易的地位

2017年，农产品出口额和进口额占全国货物贸易出口额和进口额的比例分别为3.3%和6.8%，均比上年下降0.2个百分点。农产品出口额和进口额与第一产业增加值的比值分别为7.8%和13%，与上年相比前者提高0.2个百分点，后者提高1.4个百分点。

# 2018年农产品贸易发展前景展望

## 2018 年农产品贸易发展环境

### （一）国际环境

2018 年，世界经济贸易有望重新回归金融危机前的正常增长模式，然而美国政府近期采取的一系列具有贸易保护主义特征的举措有可能导致贸易战，成为重大风险因素。

美国特朗普政府上台后，在贸易政策方面几乎全盘推翻了之前多届政府倡导的多边主义，不仅没有在确定的 WTO 议程方面发挥引领作用，反而对 WTO 多边贸易体系展开攻击，阻碍贸易争端处理机制的正常运行，借此绕开 WTO 规则对美国政府单边贸易行动的制约。进入 2018 年以来，美国政府频繁基于国内法律实施贸易干预措施，力图利用美国经济体量大的优势迫使贸易伙伴做出让步，点燃了贸易战的火苗。面对美国的压力，一些国家选择与美国进行双边谈判以期豁免，一些国家宣布将采取反击措施，更多国家对美国置多边贸易规则于不顾采取单边行动的做法予以谴责，呼吁美国政府回归理性的经贸政策。事态将如何演变有待观察。

在 2018 年举行的世界银行和国际货币基金组织春季年会、二十国集团（G20）财长和央行行长等高层会议上，各方达成的普遍共识是，保护主义会损害全球经济，而自由贸易可以更好地促进全球经济增长，各国应促进开放和公平的贸易，抵制贸易保护主义措施。一个清晰的事实是，以征收惩罚性关税进行威胁的做法不得人心。

2018 年，主要国家的宏观经济政策取向可能继续分化。在美国，联邦储备银行已经通过加息和缩表收紧货币供给，特朗普政府则试图利用减税和扩大投资刺激经济增长和增加就业，货币政策和财政政策的这种组合很可能会进一步增加美国政府债务和国际收支逆差。2017 年欧元区经济走上全面复苏轨道，通货膨胀率也逼近欧洲央行确定的目标，2018年预期会收紧货币政策，但转向扩张性财政政策的前景受到诸多限制。英国“脱欧”会在多大程度上影响其自身及欧盟整体经济增长取决于谈判结果，存在较大的不确定性。日本将延续实施多年的扩张性货币政策，但债务负担高企可能会迫使政府紧缩财政预算。考虑到美国经济基本面相对较好和美联储加息步伐相对较快，美元更有可能相对于欧元和日元升值。

对于发展中国家来说，尽管发达国家经济全面复苏是一个利好因素，但其经贸政策取向变化有可能使发展中国家经贸增长面临多方面风险。一是美国政府的税收改革试图诱导本国企业的海外资本回流，如果这一目标得以实现，美国的对外投资将下降，导致发展中国家的国际收支平衡恶化，经济增长前景也将受到损害，尤其是对外来资本依赖强的国家可能受到较大冲击。二是美国政府出于国内政治考虑单方面实施贸易干预措施有可能演变成大范围贸易战，其效应包括增加贸易成本、打乱全球供应链协作、削弱多边贸易体系功能等，这些情况使得发展中国家在面临更大风险的同时更难利用WTO规则维护自身利益。三是在金融市场热钱依旧充斥的情况下，主要经贸大国采取的重大政策行动势必会影响投机者的心理预期，从而导致投机资金流向急剧变化，这可能加剧汇率和大宗商品价格波动，给发展中国家带来风险。

进入2018年后，美国特朗普政府以打击“不公平”竞争为由，采取了一系列贸易惩罚措施，在双边贸易中有高额盈余的中国成为其首先打击的目标。美国绕开WTO单方面实施贸易限制措施的做法必然会招致中国的反击。如果世界最大的两个经济体和贸易国之间发生贸易战，不仅全球经贸活动会受到巨大冲击，整个多边贸易体系也将陷入巨大危机。

尽管存在诸多风险因素，国际货币基金组织2018年4月发布的报告仍对全球经济前景做出较为乐观的判断，预测全年世界经济增长3.9%，增幅略高于上年。分类型看，发达经济体增长2.5%，增幅提高0.2个百分点；新兴市场和发展中经济体增长4.9%，增幅提高0.1个百分点。世界商品和服务贸易额增长5.1%，增幅提高0.2个百分点；其中，进口额方面，发达经济体增长5.1%，增幅提高1.1个百分点，新兴市场和发展中经济体增长6%，增幅下降0.4个百分点；出口额方面，发达经济体增长4.5%，增幅提高0.3个百分点，新兴市场和发展中经济体增长5.1%，增幅下降1.3个百分点。石油价格上涨18%，非能源初级产品价格上涨5.6%，涨幅比上年收窄。消费价格指数方面，发达经济体增长2%，新兴市场和发展中经济体增长4.6%，增幅均与上年持平。

世界银行预测，2018年农产品名义价格趋于上涨，全部农产品价格上涨2.3%。其中，谷物类上涨7.6%，油料油脂类上涨4%。主要农产品中豆粕、大麦和小麦价格涨幅较大，糖和橡胶降幅较大。

**（二）国内环境**

2018 年，中国政府坚持稳中求进工作总基调，按照高质量发展要求，以供给侧结构性改革为主线，统筹推进稳增长、促改革、调结构、惠民生、防风险各项工作。财政政策保持积极取向，财政支出更多向创新驱动、“三农”和民生等领域倾斜；货币政策保持稳健中性，松紧适度。社会经济主要预期目标是：国内生产总值增长 6.5%左右；居民消费价格涨幅 3%左右；居民收入增长和经济增长基本同步；进出口稳中向好，国际收支基本平衡。

2018 年中央经济工作会议将推动形成全面开放新格局列为一项重要任务，提出要在开放的范围和层次上进一步拓展，更要在开放的思想观念、结构布局、体制机制上进一步拓展。具体安排涉及：有序放宽市场准入，全面实行准入前国民待遇加负面清单管理模式，继续精简负面清单，抓紧完善外资相关法律，加强知识产权保护；促进贸易平衡，更加注重提升出口质量和附加值，积极扩大进口，下调部分产品进口关税；大力发展服务贸易；继续推进自由贸易试验区改革试点；有效引导支持对外投资。

按中共中央和国务院的部署，中国从 2018 年开始着手实施乡村振兴战略。针对农业对外开放，中央 1 号文件提出：优化资源配置，着力节本增效，提高我国农产品国际竞争力。实施特色优势农产品出口提升行动，扩大高附加值农产品出口。建立健全我国农业贸易政策体系。深化与“一带一路”沿线国家和地区农产品贸易关系。积极支持农业走出去，培育具有国际竞争力的大粮商和农业企业集团。积极参与全球粮食安全治理和农业贸易规则制定，促进形成更加公平合理的农业国际贸易秩序。进一步加大农产品反走私综合治理力度。

在机制创新方面，中央 1 号文件提出以提升农业质量效益和竞争力为目标，强化绿色生态导向，创新完善政策工具和手段，扩大“绿箱”政策的实施范围和规模，加快建立新型农业支持保护政策体系。深化农产品价格形成机制和收储制度改革，加快培育多元市场购销主体，改革完善中央储备粮管理体制。通过完善拍卖机制、定向销售、包干销售等，加快消化政策性粮食库存。落实和完善对农民直接补贴制度，提高补贴效能。健全粮食主产区利益补偿机制。探索开展稻谷、小麦、玉米三大粮食作物完全成本保险和收入保险试点，加快建立多层次农业保险体系。

2018 年，中国将加快推进自贸区战略，推动形成立足周边、辐射“一带一路”和面向全球的高标准自贸区格局。目前，中国正在进行的自贸协定谈判或升级版谈判共 11 个，主要包括《区域全面经济伙伴关系协定》（RCEP）和中日韩自贸协定等。年内中国将根据与东盟、韩国、冰岛、瑞士、哥斯达黎加、秘鲁、智利、澳大利亚、新西兰、格鲁吉亚的自贸协定以及内地与港澳更紧密经贸关系安排，进一步降低部分产品的协定税率。

经国务院批准，中国自2018年1月1日起对948项进口商品实施暂定税率，其中包括82项农产品。对配额外进口的一定数量棉花继续适用滑准税形式的暂定关税。自2018年7月1日起，对碎米实施10%的最惠国税率。

## 中国农产品贸易发展形势展望

2018年，全球经济有望实现较强增长，国内经济保持良好发展态势，这是有利于中国农产品贸易发展的主要因素。预期年内海外市场需求强劲，中国扩大农产品出口面临较好机遇。中国居民收入增长会强化本国农产品消费升级趋势，高端优质农产品进口将逐步增加，相应的原料性农产品进口也会随之增长。

然而，中美贸易战如何演变给年内中国农产品贸易发展带来不确定因素，特别是农产品进口。中美两国农产品比较优势差异巨大，美国政府极为关注中国农产品市场准入问题，中国政府则要充分考虑扩大市场开放与保障国家粮食安全和提高农民收入目标的协调。中美之间若爆发贸易战，双方势必在农产品贸易领域展开激烈博弈。

中国推进农业机制创新的工作会影响中国农产品竞争优势和贸易格局。根据国家发展和改革委员会的安排，2018年将继续下调粮食最低收购价，国内供给可能会有所下降，但国内市场供给仍主要取决于如何推进消化政策性粮食库存。

年内农业外贸企业需要特别关注政策风险和汇率风险。前者主要涉及中美贸易战会如何演变，后者则涉及到贸易大国采取重大贸易干预行动可能会改变投机资金流向从而造成汇率波动较大。此外，随着中国采取扩大进口行动，中国国际贸易收支顺差预期会减少，长期看人民币汇率升值仍是大概率事件。

# 分论

# 分产品贸易

2017 年，谷物、棉花、食用油籽、食用植物油、食糖、蔬菜、水果坚果、茶叶、畜产品和水产品等十类农产品贸易额占中国农产品贸易总额的 79.1%，其中出口额占农产品出口总额的 73.9%，进口额占农产品进口总额的 82.2%。蔬菜、水果坚果、茶叶和水产品为净出口，其他为净进口。

居出口额前五位的农产品依次为水产品、蔬菜、水果坚果、畜产品和茶叶，分别占农产品出口总额的 28%、20.5%、10.9%、8.4%和 2.3%。与上年相比，除水果坚果出口额下降 0.7%外，其他大类农产品出口额均增长，其中棉花增幅最大，为 138.8%。

居进口额前五位的农产品依次为食用油籽、畜产品、水产品、水果坚果和谷物，分别占农产品进口总额的 34.2%、20.4%、9.0%、5.7%和 5.2%。与上年相比，除食糖进口额下降 7.9%外，其他大类农产品进口额均增长，增幅最大的是茶叶，为 36.1%。

## 谷物

### （一）贸易概况

2017 年，中国谷物进出口双增。出口量 161.6 万吨，比上年增加 1.5 倍；出口额 8 亿美元，增长 57.8%。进口量 2 560.1 万吨，增长 16.4%；进口额 64.9 亿美元，增长 13.7%。净进口量 2 398.5 万吨，增长 12.3%；贸易逆差 56.9 亿美元，扩大 9.2%。

**1. 产品结构**

谷物出口以稻谷产品和小麦产品为主，合计占谷物出口总量的 85.4%、出口总额的 86.3%；进口主要是大麦产品、高粱产品、小麦产品、稻谷产品和玉米产品，合计占谷物进口总量的 98.4%、进口总额的 98.5%（表 5）。

**表 5　2017 年中国主要谷物品种贸易情况**

单位：万吨、亿美元、%

| 产品 | 出口量 | 进口量 | 净进口量 | 净进口量比上年增长 | 出口额 | 进口额 | 净进口额 | 净进口额比上年增长 |
|---|---|---|---|---|---|---|---|---|
| 稻谷产品 | 119.7 | 402.6 | 282.9 | −10.7 | 6.0 | 18.6 | 12.6 | 0.0 |
| 小麦产品 | 18.3 | 442.2 | 423.9 | 28.5 | 0.9 | 10.8 | 9.9 | 32.0 |
| 玉米产品 | 8.6 | 282.7 | 274.1 | −13.4 | 0.2 | 6.0 | 5.8 | −9.4 |
| 高粱产品 | 4.1 | 505.7 | 501.6 | −24.2 | 0.2 | 10.3 | 10.1 | −28.9 |
| 大麦产品 | 0.0 | 886.3 | 886.3 | 77.1 | 0.0 | 18.2 | 18.2 | 59.6 |

稻谷产品。出口量 119.7 万吨，比上年增加 2.2 倍，占谷物出口总量 74.1%；出口额 6 亿美元，增长 70%；进口量 402.6 万吨，增长 13%，占谷物进口总量 15.7%；进口额 18.6 亿美元，增长 15.2%。

小麦产品。出口量 18.3 万吨，比上年增长 61.9%，占谷物出口总量 11.3%；出口额 0.9 亿美元，增长 38%；进口量 442.2 万吨，增长 29.6%，占谷物进口总量 17.3%；进口额 10.8 亿美元，增长 32.7%。

玉米产品。出口量 8.6 万吨，比上年增加 20 倍；出口额 2 223 万美元，增加 6.7 倍；进口量 282.7 万吨，下降 10.8%，占谷物进口总量 11%；进口额 6 亿美元，下降 5.5%。

高粱产品。出口量 4.1 万吨，比上年增长 49.4%；出口额 1 911 万美元，增长 45.4%；进口量 505.7 万吨，下降 23.9%，占谷物进口总量 19.8%；进口额 10.3 亿美元，下降 28.1%。

大麦产品。出口量 93.5 吨，比上年增长 104.7%；出口额 12.4 万美元，增长 50.2%；进口量 886.3 万吨，增长 77.1%，占谷物进口总量 34.6%；进口额 18.2 亿美元，增长 59.1%。

**2. 贸易区域**

出口市场。中国谷物前五位出口市场依次是科特迪瓦、韩国、朝鲜、日本和中国香港，对前五位市场合计出口 85.8 万吨，占谷物出口总量的 53.1%，较上年降低 20.2 个百分点。其中，对朝鲜和日本出口分别增长 2.3 倍和 8.7%；对韩国和中国香港出口分别下降 3.1%和 10.6%。

进口来源地。中国谷物前五位进口来源地依次是澳大利亚、美国、乌克兰、越南和加拿大。从前五位国家合计进口 2 296.5 万吨，占谷物进口总量 89.7%，较上年提高 4.4 个百分点。其中，从澳大利亚、美国、越南和加拿大进口量分别增长 62.2%、1.7%、39.9%和 18.7%；从乌克兰进口量减少 11.4%（表 6）。

## 表 6 2017 年中国谷物主要出口市场和进口来源地

单位：万吨、%

| 出口市场 | 出口量 | 比上年增长 | 占谷物出口总量比重 | 进口来源地 | 进口量 | 比上年增长 | 占谷物进口总量比重 |
|---|---|---|---|---|---|---|---|
| 科特迪瓦 | 30.9 | — | 19.1 | 澳大利亚 | 906.6 | 62.2 | 35.4 |
| 韩　　国 | 18.4 | −3.1 | 11.4 | 美　　国 | 707.4 | 1.7 | 27.6 |
| 朝　　鲜 | 16.9 | 225.7 | 10.5 | 乌 克 兰 | 267.0 | −11.4 | 10.4 |
| 日　　本 | 10.2 | 8.7 | 6.3 | 越　　南 | 226.5 | 39.9 | 8.8 |
| 中国香港 | 9.4 | −10.6 | 5.8 | 加 拿 大 | 189.0 | 18.7 | 7.4 |

分品种看，稻谷产品主要出口至科特迪瓦、韩国、土耳其、塞内加尔和莫桑比克，进口主要来自越南、泰国和巴基斯坦。小麦产品主要出口至朝鲜、中国香港和埃塞俄比亚，进口主要来自澳大利亚、美国和加拿大。玉米产品进口主要来自乌克兰和美国。大麦产品进口主要来自澳大利亚、加拿大和乌克兰。高粱产品进口主要来自美国和澳大利亚，分别进口 475.8 万吨和 29.6 吨，占中国高粱产品进口总量的 94.1% 和 5.8%（表 7、表 8）。

## 表 7 2017 年中国主要谷物品种出口市场

单位：万吨、%

| 稻谷产品 | | | | 小麦产品 | | | |
|---|---|---|---|---|---|---|---|
| 出口市场 | 出口量 | 比上年增长 | 占稻谷产品出口总量比重 | 出口市场 | 出口量 | 比上年增长 | 占小麦产品出口总量比重 |
| 科特迪瓦 | 30.9 | — | 25.8 | 朝　　鲜 | 8.2 | 1 073.6 | 44.8 |
| 韩　　国 | 16.7 | −4.7 | 14.0 | 中国香港 | 7.9 | −7.2 | 43.2 |
| 土 耳 其 | 7.4 | 2 467.8 | 6.2 | 埃塞俄比亚 | 1.0 | −5.4 | 5.5 |
| 塞内加尔 | 6.7 | — | 5.6 | 菲 律 宾 | 0.3 | 360.0 | 1.6 |
| 莫桑比克 | 6.2 | 480.5 | 5.2 | 泰　　国 | 0.2 | 2.5 | 0.7 |

**表 8　2017 年中国主要谷物品种进口来源地**

单位：万吨、%

| 稻谷产品 | | | | 小麦产品 | | | |
|---|---|---|---|---|---|---|---|
| 进口来源地 | 进口量 | 比上年增长 | 占稻谷产品进口总量比重 | 进口来源地 | 进口量 | 比上年增长 | 占小麦产品进口总量比重 |
| 越　南 | 226.5 | 39.9 | 56.3 | 澳大利亚 | 190.4 | 38.5 | 43.1 |
| 泰　国 | 114.9 | 20.1 | 28.5 | 美　国 | 155.5 | 80.3 | 35.2 |
| 巴基斯坦 | 27.3 | −61.2 | 6.8 | 加拿大 | 52.4 | −39.1 | 11.8 |
| 柬埔寨 | 17.9 | 47.2 | 4.4 | 哈萨克斯坦 | 31.0 | 5.1 | 7.0 |
| 缅　甸 | 8.2 | −6.8 | 2.0 | 乌克兰 | 5.8 | 7740.8 | 1.3 |
| 玉米产品 | | | | 大麦产品 | | | |
| 进口来源地 | 进口量 | 比上年增长 | 占玉米产品进口总量比重 | 进口来源地 | 进口量 | 比上年增长 | 占大麦产品进口总量比重 |
| 乌克兰 | 182.2 | −31.5 | 64.4 | 澳大利亚 | 648.0 | 99.3 | 73.1 |
| 美　国 | 75.7 | 239.1 | 26.8 | 加拿大 | 135.9 | 86.0 | 15.3 |
| 老　挝 | 15.1 | 8.4 | 5.3 | 乌克兰 | 79.1 | 124.2 | 8.9 |
| 缅　甸 | 9.3 | 20.2 | 3.3 | 法　国 | 22.3 | −65.0 | 2.5 |
| 俄罗斯 | 0.2 | −96.6 | 0.1 | 丹　麦 | 1.1 | 274.9 | 0.1 |

**3. 价格变动**

（1）中国谷物进出口价格

2017 年中国以一般贸易方式出口谷物的平均价格[①]为每吨 474.3 美元，比上年下降 46.1%；进口平均价格为每吨 255 美元，下降 2.2%。出口品种中，小麦一般贸易方式下无出口，其余产品出口价格均下跌；进口品种中，除大麦和高粱产品进口价格下降外，其余品种进口价格均上涨（表 9）。

**表 9　2017 年中国主要谷物品种进出口价格**

单位：美元/吨、%

| 产　品 | 出口平均价格 | 比上年增长 | 进口平均价格 | 比上年增长 |
|---|---|---|---|---|
| 谷　物 | 474.3 | −46.1 | 255.0 | −2.2 |
| 小麦 | — | — | 243.6 | 2.0 |
| 大麦 | 1 589.2 | −23.3 | 204.4 | −9.2 |
| 玉米 | 249.0 | −85.8 | 211.4 | 6.0 |
| 大米 | 406.2 | −47.4 | 458.6 | 2.3 |
| 高粱 | 459.7 | −2.7 | 202.8 | −5.6 |

① 出口平均价格＝出口总额/出口总量；进口平均价格＝进口总额/进口总量。下同。
本节对中国食物及其主要品种的进出口价格分析均为一般贸易方式下的价格。

2017 年谷物月度出口价格呈波动态势，从 1 月的每吨 425.5 美元升至 2 月的 789.7 美元，之后波动下降，至 5 月降为 351.9 美元，之后波动上行，12 月达到 685.6 美元。谷物月度进口价格前 5 个月波动上行，从 1 月的每吨 242.2 美元升至 5 月的 280.8 美元，后波动下行，至 7 月份到达最低点 228.3 美元，12 月上涨至 304.6 美元。

（2）中国谷物进出口价格与国际市场价格比较

2017 年，国际市场大米价格小幅提高。泰国 5%破碎率大米曼谷出口离岸价全年平均每吨 399 美元，比上年上涨 0.7%；越南 5%破碎率大米河内出口离岸价全年平均每吨 363 美元，比上年上涨 2%。中国大米进口均价每吨 458.6 美元，比上年上涨 2.3%；出口均价每吨 406.2 美元，下跌 47.4%（图 9）。

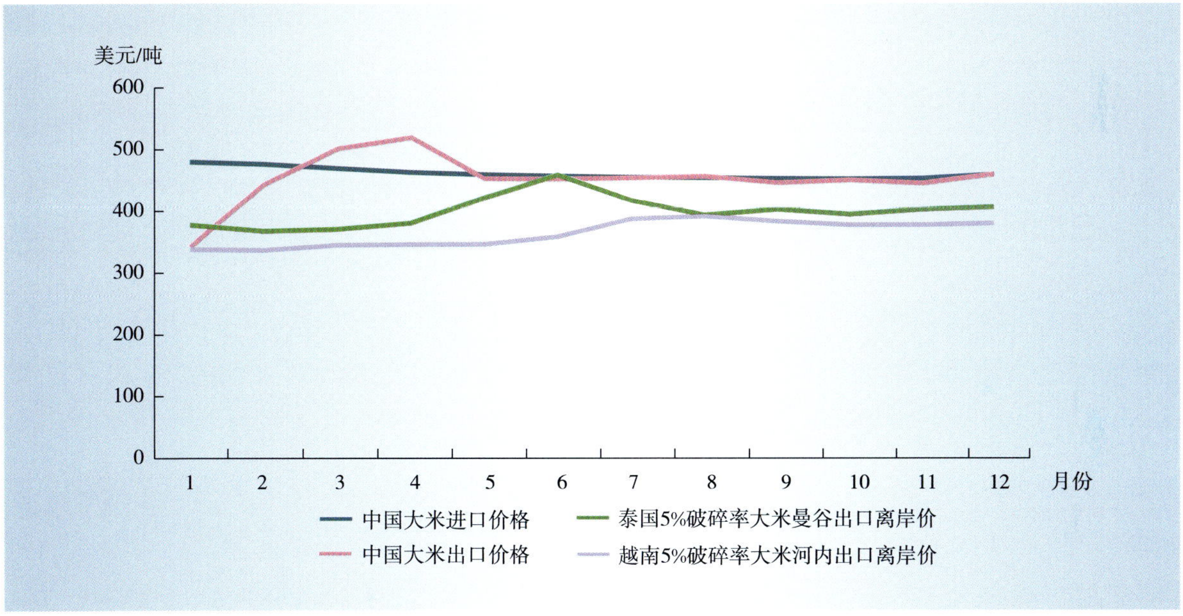


图 9 2017 年中国大米进出口价格与国际市场价格比较

数据来源：泰国和越南大米价格来自世界银行商品价格数据库，中国大米进出口价格根据中国海关数据计算。

国际小麦价格上涨，美国 1 号硬红冬麦和 2 号软红冬麦美湾出口离岸价全年平均分别为每吨 174 美元和 178 美元，比上年分别上涨 4.6%和 1.1%。中国小麦进口均价每吨 243.6 美元，比上年上涨 2%（图 10）。

国际玉米价格继续下跌。美国 2 号黄玉米美湾出口离岸价全年平均为每吨 154.5 美元，比上年下跌 3%。中国玉米进口均价每吨 211.4 美元，比上年上涨 6%（图 11）。

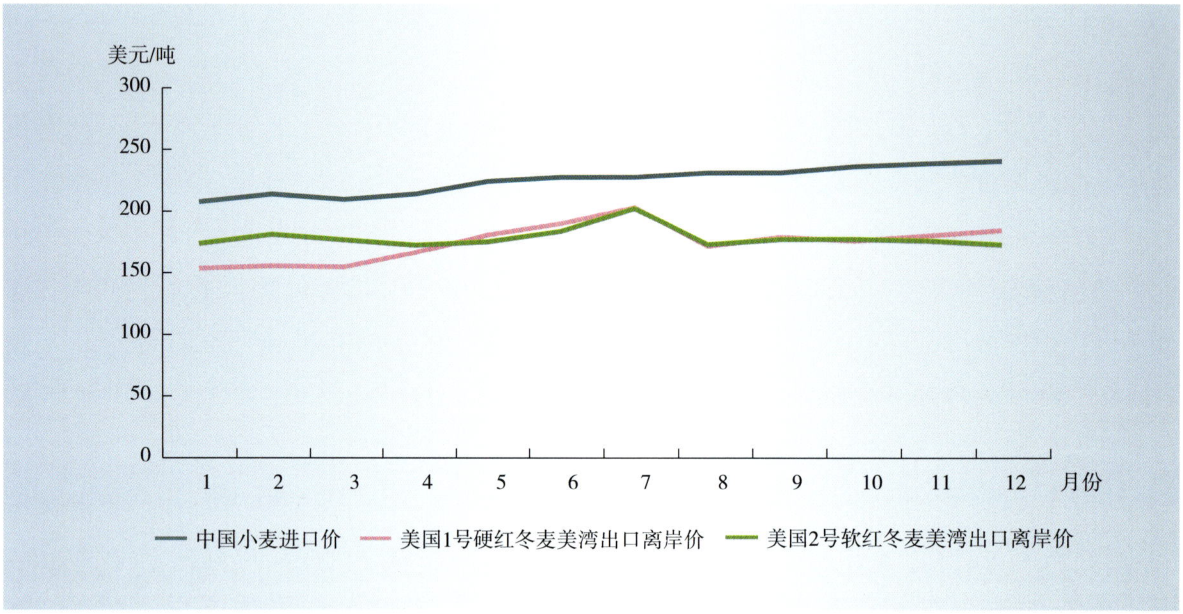


图 10　2017 年中国小麦进口价格与国际市场价格比较

注：中国出口的小麦产品主要为面粉，没有小麦（原粮）出口，故没有小麦出口价。

数据来源：美国小麦价格来自世界银行商品价格数据库，中国小麦进口价根据中国海关数据计算。

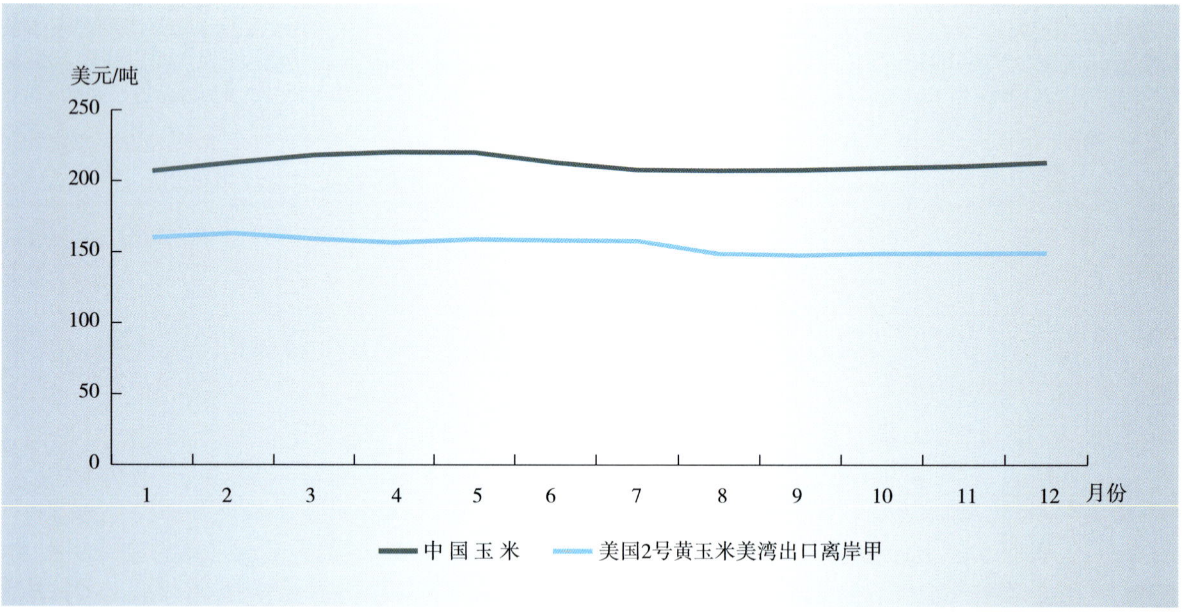


图 11　2017 年中国玉米进口价格与国际市场价格比较

数据来源：美国玉米价格来自世界银行商品价格数据库，中国玉米进口价格根据中国海关数据计算。

**4. 自给率[①]变动**

2017年，中国粮食产量61 791万吨，比上年增加167万吨，其中谷物产量56 455万吨。谷物净进口量2 398.5万吨，自给率为95.9%，比上年降低0.5个百分点。

**（二）影响因素**

**1. 内外价差偏大及品种调剂拉动大米和小麦进口增加**

2017年，稻谷最低收购价小幅下调，小麦最低收购价维持上年水平，支撑了国内价格相对稳定，但国际价格低迷，内外价差仍偏大，导致进口有所增长。进口增长除受价差驱动外，部分产品还受品种调剂的影响。小麦进口主要集中在澳大利亚硬质白麦、加拿大硬质红春麦、美国硬红冬麦和美国软红冬麦等优质麦。

**2. 对干玉米酒糟采取贸易救济措施后，其替代品大麦进口激增**

2017年，中国对原产于美国的干玉米酒糟征收反倾销和反补贴税，干玉米酒糟进口量大幅减少，作为替代产品的大麦进口量随之激增。

**3. 玉米价格政策改革缩小了国内外价差，导致进口减少**

中国对玉米实施"价补分离"改革后，国内价格大幅下降。国际市场玉米价格尽管受供应充足、需求不振等因素影响仍在低位徘徊，但内外价差缩小，利润空间明显缩减，导致玉米进口下降。

## 棉花

**（一）贸易概况**

棉花进口在连续4年下降后，2017年回升。全年棉花进口136.3万吨，比上年增长9.9%；进口额23.6亿美元，增长32.7%。出口2.1万吨，增长1.6倍；出口额3 794万美元，增长1.6倍。贸易逆差23.2亿美元，增长31.7%。

**1. 产品结构**

棉花贸易的主要产品是原棉（也称"未梳棉"）。原棉进口115.5万吨，比上年增长28.8%，占棉花进口总量的84.7%，比上年增加12.4个百分点；出口1.7万吨，比上年增长1.2倍，占出口总量的79.1%，比上年降低13.3个百分点。其他棉花进口20.7万吨，下降39.4%。

**2. 贸易区域**

进口来源地。依据进口量排序，美国、澳大利亚、印度、乌兹别克斯坦和巴西仍为中国棉花的前五大进口来源地，合计占中国棉花进口总量的82.1%，比上年增加7.1个百分点。从美国进口51.7万吨，比上年增长91.1%，仍为中国第一大进口来源地；从澳大利亚进口25.8万吨，比上年增长18.2%；从印度进口17.2万吨，下降14.5%（表10）。

---

① 自给率：按当年生产总量/表观消费量（当年生产总量＋当年净进口量）×100%计算。下同。

**表 10 2017 年中国棉花主要进口来源地**

单位：万吨、亿美元、%

| 进口来源地 | 进口量 | 比上年增长 | 进口额 | 比上年增长 | 占棉花总进口比重 | |
|---|---|---|---|---|---|---|
| | | | | | 进口量 | 进口额 |
| 美国 | 51.7 | 91.1 | 9.9 | 93.1 | 38.0 | 42.0 |
| 澳大利亚 | 25.8 | 18.2 | 5.0 | 29.8 | 18.9 | 21.1 |
| 印度 | 17.2 | −14.5 | 2.3 | −2.3 | 12.6 | 9.9 |
| 乌兹别克斯坦 | 10.0 | −35.1 | 1.8 | −2.2 | 7.3 | 7.4 |
| 巴西 | 7.2 | −16.4 | 1.3 | −2.9 | 5.3 | 5.3 |

出口市场。中国棉花主要出口到周边国家，依次为越南、日本、印度尼西亚、朝鲜和韩国。其中，越南取代朝鲜从上年的第四位跃升第一，对越南出口 1.1 万吨，比上年增加 11 倍；对日本出口 3 697 吨，增加 69 倍；对印度尼西亚出口 2 849 吨，增加 1.3 倍。

**3. 贸易方式**

2017 年中国棉花进口方式以进料加工和一般贸易为主。进料加工进口 44 万吨，比上年增长 22.4%，占进口总量的 32.3%；一般贸易进口 43 万吨，下降 9.8%，占 31.5%；保税区仓储转口货物进口 33.7 万吨，增长 25%，占 24.7%（表 11）。

保税区仓储转口货物出口棉花 1.3 万吨，占出口总量的 60.3%。

**表 11 2017 年中国棉花进口主要贸易方式**

单位：万吨、亿美元、%

| 进口方式 | 进口量 | 比上年增长 | 进口额 | 比上年增长 |
|---|---|---|---|---|
| 贸易方式合计 | 136.3 | 9.9 | 23.6 | 32.7 |
| 进料加工 | 44.0 | 22.4 | 8.3 | 30.9 |
| 一般贸易 | 43.0 | −9.8 | 6.2 | 30.2 |
| 保税区仓储转口货物 | 33.7 | 25.0 | 6.2 | 44.4 |
| 保税仓库进出境货物 | 15.6 | 18.2 | 3.0 | 22.3 |

**4. 价格变动**

根据 COTLOOK A（FE）棉价指数[①]，2017 年国际棉价先涨后跌再涨，由 1 月的每磅 82.2 美分连续上涨至 5 月全年最高的 88.6 美分，随后下跌，至 10 月跌至全年最低价 78.6 美分，之后回升，12 月上涨至 85.4 美分，总体高于 2016 年，上涨 9.2%。

2017 年中国棉花年平均进口价格为每吨 1 731 美元，比上年上涨 20.7%。以进料加工方式进口的棉花年平均价为每吨 1 889

① 指 COTLOOK A（FE）指数。该指数基准质量标准是 M 级 1—3/32 英寸（相当于中国 3 级，28 毫米长度），CNF 价格（成本加运费），但以远东口岸为到港目的地。FE 指数是同一等级的 19 个棉花品种中，5 个最低报价的平均值。

美元，比上年上涨6.9%；以一般贸易方式进口的棉花年平均价为每吨1 433美元，比上年上涨44.4%。

2017年中国原棉年平均进口价格为每吨1 892美元，比上年上涨8.4%。以进料加工方式进口原棉年平均价为每吨1 902美元，比上年上涨6.9%；以一般贸易方式进口的原棉年平均价为每吨1 918美元，比上年上涨15.1%。

2017年国内外棉花差价扩大。1—5月，中国进口棉价指数（FC INDEXM折1%关税）均高于CN. COTTON B，之后逆转，全年价差较上年扩大41.8%（图12）。

2017年中国棉花年度平均出口价格为每吨1766美元，比上年下跌7.9%。

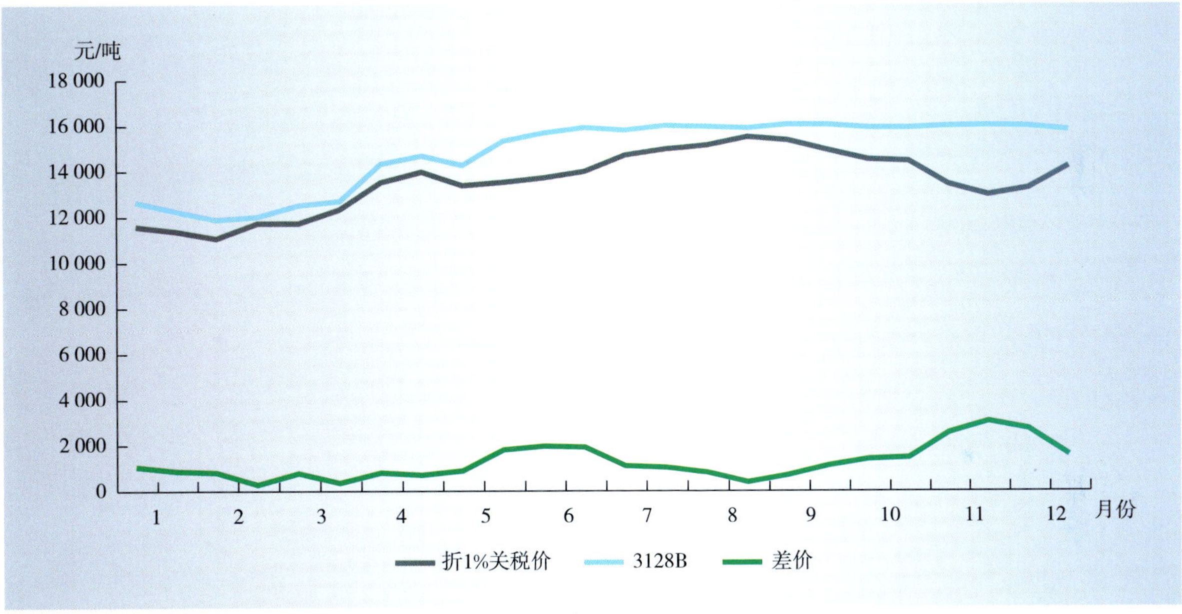


图12　2016—2017年进口棉花和国内棉花价格比较

**5. 自给率变动**

2017年全国棉花产量549万吨，比上年增产19万吨，增长3.5%。棉花净进口134.2万吨，自给率为80.4%，较上年下降0.7个百分点。

**（二）影响因素**

**1. 全球棉花供给充足拉大棉花价差，刺激进口**

2017年，全球棉花产量较上年大幅增加，扭转了连续两年产不足需局面。据国际棉花咨询委员会（ICAC）数据，2017年全球棉花期末库存消费比为2001年以来新高，棉花供给充足。尤其是北半球6月新棉上市后，国际棉价疲软，叠加人民币兑美元的汇率因素，内外棉花价差扩大。虽然储备棉轮出在一定程度上抑制了价差，但并未根本改变价差扩大的趋势。6—12月平均价差为每吨1 965元，10月达到最高的每吨3 027元。

**2. 国内棉花需求增加，拉动进口**

随着全球经济缓慢复苏，国内纺织业回暖。与上年相比，2017 年国内纺织业增加值增长 4.0%，棉纱产量增长 8.5%，服装、鞋帽、针纺织品类零售额增长 7.8%，出口纺织纱线、织物及制品出口额增长 7.4%，服装及衣着附件出口额增长 2.3%。中国纺织服装企业对棉花需求回升，拉动了棉花进口增长。

## 食用油籽

### （一）贸易概况

中国食用油籽进口量继续位居全球第一。2017 年进口食用油籽 10 200.5 万吨，比上年增加 1247.6 万吨，增长 13.9%。其中，大豆、油菜籽、棉籽和葵花籽进口增加，芝麻、亚麻籽和花生进口下降。出口食用油籽 110 万吨，比上年增加 22.7 万吨，增长 25.9%。其中，花生、葵花籽和芝麻出口增加，大豆出口下降。食用油籽进口额 430.2 亿美元，增长 16.2%，占中国农产品进口总额的 34.2%，较上年提高 1 个百分点，是中国最主要的进口农产品。出口额 16.4 亿美元，增长 15.2%。贸易逆差 413.8 亿美元，比上年扩大 16.2%。

**1. 产品结构**

2017 年，主要进口产品有大豆、油菜籽、芝麻、亚麻籽、棉籽和花生，主要出口产品有花生、葵花籽、大豆和芝麻。

（1）主要进口产品

食用油籽进口中，大豆比重超过 90%。与上年相比，大豆、油菜籽、棉籽进口量额齐增，芝麻、亚麻籽、花生进口量额齐降（表 12）。

**表 12　2017 年中国进口食用油籽产品结构**

单位：万吨、亿美元、%

| 产　品 | 进口量 | 比上年增长 | 进口额 | 比上年增长 | 占食用油籽进口比重 | |
|---|---|---|---|---|---|---|
| | | | | | 进口量 | 进口额 |
| 大　豆 | 9 552.6 | 13.8 | 396.4 | 16.6 | 93.6 | 92.1 |
| 油菜籽 | 474.8 | 33.2 | 21.6 | 45.2 | 4.7 | 5.0 |
| 芝　麻 | 71.2 | −23.6 | 7.3 | −23.3 | 0.7 | 1.7 |
| 亚麻籽 | 34.0 | −28.4 | 1.5 | −26.8 | 0.3 | 0.4 |
| 棉　籽 | 26.4 | 246.9 | 0.8 | 217.9 | 0.3 | 0.2 |
| 花　生 | 25.4 | −44.7 | 1.9 | −41.5 | 0.2 | 0.5 |

（2）主要出口产品

食用油籽出口以花生和葵花籽为主，两者出口量额均保持增长，出口量比重分别接近 50%和 40%。大豆出口量额双降，芝麻出口量额齐增（表 13）。

**表 13 2017 年中国出口食用油籽产品结构**

单位：万吨、亿美元、%

| 产 品 | 出口量 | 比上年增长 | 出口额 | 比上年增长 | 占食用油籽出口比重 | |
|---|---|---|---|---|---|---|
| | | | | | 出口量 | 出口额 |
| 花 生 | 52.5 | 27.5 | 9.8 | 21.1 | 47.7 | 59.8 |
| 葵花籽 | 41.0 | 38.4 | 4.7 | 8.1 | 37.2 | 28.6 |
| 大 豆 | 11.4 | −11.2 | 0.9 | −15.3 | 10.4 | 5.7 |
| 芝 麻 | 4.1 | 36.8 | 0.8 | 29.7 | 3.7 | 4.8 |

**2. 贸易区域**

(1) 进口来源地

中国食用油籽进口来源地较为集中。大豆主要从巴西、美国和阿根廷进口，三国合计占大豆进口总量的94.6%。油菜籽主要从加拿大和蒙古进口。芝麻进口主要来自非洲国家（表14）。

**表 14 2017 年中国食用油籽进口来源地**

单位：万吨、亿美元、%

| 产 品 | 来源地 | 进口量 | 比上年增长 | 进口额 | 比上年增长 |
|---|---|---|---|---|---|
| 大 豆 | 合 计 | 9 552.6 | 13.8 | 396.4 | 16.6 |
| | 巴 西 | 5 092.7 | 33.3 | 209.2 | 34.5 |
| | 美 国 | 3 285.6 | −3.8 | 139.5 | 1.3 |
| | 阿根廷 | 658.2 | −17.9 | 26.8 | −17.0 |
| 油菜籽 | 合 计 | 474.8 | 33.2 | 21.6 | 45.2 |
| | 加拿大 | 451.3 | 31.3 | 20.8 | 44.2 |
| | 蒙 古 | 11.6 | 159.8 | 0.4 | 159.8 |
| 芝 麻 | 合 计 | 71.2 | −23.6 | 7.3 | −23.3 |
| | 埃塞俄比亚 | 21.1 | −30.5 | 2.4 | −28.2 |
| | 苏 丹 | 18.1 | 58.6 | 1.8 | 51.0 |
| | 尼日尔 | 10.5 | −19.0 | 1.0 | −20.2 |

(2) 出口市场

中国食用油籽出口很少，仅110万吨，且去向分散（表15）。

## 表 15 2017 年中国食用油籽出口市场

单位：万吨、万美元、%

| 产　品 | 出口市场 | 出口量 | 比上年增长 | 出口额 | 比上年增长 |
|---|---|---|---|---|---|
| 花　生 | 合　计 | 52.5 | 27.5 | 9.8 | 21.1 |
| | 日　本 | 7.2 | 17.7 | 1.6 | 20.6 |
| | 荷　兰 | 3.5 | 43.0 | 0.6 | 30.5 |
| | 西班牙 | 3.4 | 18.7 | 0.5 | 16.6 |
| | 泰　国 | 3.1 | 37.8 | 0.6 | 32.4 |
| | 菲律宾 | 3.0 | 47.8 | 0.6 | 32.7 |
| 葵花籽 | 合　计 | 41.0 | 38.4 | 4.7 | 8.1 |
| | 伊　朗 | 11.0 | −2.9 | 1.2 | −27.5 |
| | 埃　及 | 7.5 | 58.2 | 0.7 | 22.2 |
| | 伊拉克 | 5.3 | 23.7 | 0.6 | −3.6 |
| | 土耳其 | 4.5 | 518.7 | 0.5 | 413.5 |
| | 越　南 | 2.1 | −1.9 | 0.5 | 3.6 |
| 大　豆 | 合　计 | 11.4 | −11.2 | 0.9 | −15.3 |
| | 韩　国 | 4.3 | 22.5 | 0.4 | 9.1 |
| | 日　本 | 2.8 | −4.6 | 0.2 | −10.7 |
| | 荷　兰 | 1.0 | 287.8 | 0.07 | 205.4 |
| | 意大利 | 0.8 | −28.5 | 0.05 | −34.6 |
| | 美　国 | 0.8 | −72.5 | 0.06 | −70.5 |

**3. 价格变动**

进口价格。食用油籽平均进口价格比上年上涨 1.9%，其中葵花籽、花生进口价格涨幅均超过 5%，棉籽、葵花籽进口价格跌幅超过 5%。从月度价格变化看，1 月大豆进口价格最高，为每吨 434.6 美元，比年内最低的 7 月高 33.2 美元。

出口价格。食用油籽平均出口价格比上年下跌 8.6%。花生、芝麻、葵花籽、大豆、棉籽、亚麻籽等出口价格均下跌，其中棉籽价格下跌幅度最大（表 16、图 13）。

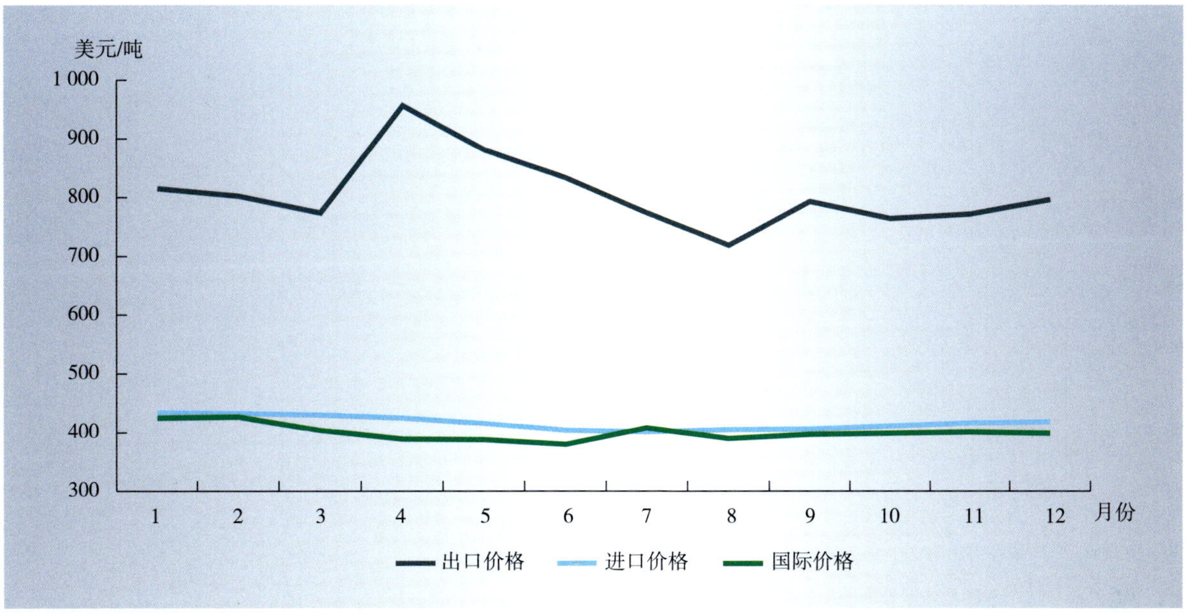


图 13 2017 年大豆月度进出口价格比较

数据来源：国际价格来源于世界银行商品数据库，进出口价格根据中国海关数据计算。

表 16 2017 年中国主要食用油籽品种进出口价格

单位：美元/吨、%

| 产 品 | 进口平均价格 | 比上年上涨 | 出口平均价格 | 比上年上涨 |
|---|---|---|---|---|
| 大 豆 | 414.9 | 2.5 | 815.4 | −4.6 |
| 油菜籽 | 455.8 | 9.0 | 2 965.5 | 224.3 |
| 芝 麻 | 1 031.7 | 0.4 | 1 922.3 | −5.3 |
| 花 生 | 764.4 | 5.8 | 1 862.7 | −5.0 |
| 葵花籽 | 388.2 | −10.3 | 1 140.4 | −21.9 |
| 亚麻籽 | 444.8 | 2.3 | 1 369.3 | −7.8 |
| 棉 籽 | 320.0 | −8.4 | 4 612.4 | −52.9 |

**4. 自给率变动**

2017 年，全国食用油籽总产量 5 187 万吨，比上年增产 5.7%。全年食用油籽净进口 10 090.5 万吨，自给率为 34%，比上年下降 1.6 个百分点，其中大豆自给率为 13.2%。

**（二）影响因素**

**1. 大豆内外价差较大、国内需求增加和进口成本下降刺激了进口**

2017 年大豆进口量为历史新高，比上

年增长 13.8%，原因：一是国内外价差较大。美国、巴西等主产国大豆丰收，国际市场价格进一步走低，全年国内外大豆平均价差为每吨 2 595.5 元。二是畜禽生产增长。2017 年猪牛羊禽肉产量比上年增加 68 万吨，增长 0.8%，拉动了对大豆的需求增长。三是进口成本下降。大豆增值税从 13%下调到 11%以及人民币对美元升值，降低了大豆进口成本。

**2. 油菜籽内外价差较大、国内产量下降和进口杂质控制政策暂不执行推动了进口快速增长**

一是全年国产油菜籽进厂价和加拿大进口油菜籽到港税后价差基本保持在每吨 800～1 500元。二是国内油菜籽产量 1 430 万吨，比上年下降 1.7%。三是中国宣布暂不执行对输华加拿大油菜籽加强杂质控制的规定，进口明显增加。

## 食用植物油

### （一）贸易概况

2017 年，食用植物油进出口均量额双增。分品种看，除葵花油和红花油进口量额双降、花生油进口量增额减外，其他食用植物油进口量额均增。全年进口食用植物油 742.8 万吨，比上年增加 54.4 万吨，增长 7.9%；进口额 56.8 亿美元，增长 12.5%。净进口食用植物油 722.6 万吨，增长 6.7%；贸易逆差 54.5 亿美元，增长 11.3%。

**1. 产品结构**

（1）主要进口产品

进口的食用植物油产品主要是棕榈油、菜籽油、葵花油和红花油、豆油，进口量合计占食用植物油进口总量的 97.4%（表 17）。

**表 17 2017 年中国进口食用植物油产品结构**

单位：万吨、亿美元、%

| 产　品 | 进口量 | 比上年增长 | 进口额 | 比上年增长 | 占食用植物油进口比重 | |
|---|---|---|---|---|---|---|
| | | | | | 进口量 | 进口额 |
| 棕榈油 | 507.9 | 13.4 | 35.0 | 22.0 | 68.4 | 61.5 |
| 菜籽油 | 75.7 | 8.2 | 6.3 | 20.1 | 10.2 | 11.1 |
| 葵花油和红花油 | 74.5 | −22.1 | 6.2 | −24.5 | 10.0 | 11.0 |
| 豆　油 | 65.3 | 16.6 | 5.4 | 18.7 | 8.8 | 9.4 |

（2）主要出口产品

主要出口产品是豆油、菜籽油、棕榈油和玉米油，合计占食用植物油出口总量的 90.6%。主要出口产品的出口量额双增（表 18）。

表 18 2017 年中国出口食用植物油产品结构

单位：万吨、亿美元、%

| 产　品 | 出口量 | 比上年增长 | 出口额 | 比上年增长 | 占食用植物油出口比重 | |
|---|---|---|---|---|---|---|
| | | | | | 出口量 | 出口额 |
| 豆　油 | 13.3 | 64.5 | 1.4 | 55.8 | 65.9 | 58.9 |
| 菜籽油 | 2.1 | 341.7 | 0.2 | 251.5 | 10.5 | 7.9 |
| 棕榈油 | 1.8 | 155.9 | 0.2 | 166.2 | 9.1 | 6.5 |
| 玉米油 | 1.0 | 125.9 | 0.1 | 66.3 | 5.1 | 5.1 |

**2. 贸易区域**

（1）进口来源地

中国食用植物油进口来源较为集中，按进口量排序依次为印度尼西亚、马来西亚、加拿大、乌克兰、巴西和俄罗斯。从品种看，棕榈油主要来自印度尼西亚和马来西亚，菜籽油主要来自加拿大，豆油主要来自巴西、俄罗斯和美国，葵花油和红花油主要来自乌克兰和俄罗斯（表 19）。

表 19 2017 年中国食用植物油进口来源地

单位：万吨、亿美元、%

| 产　品 | 来源地 | 进口量 | 比上年增长 | 进口额 | 比上年增长 |
|---|---|---|---|---|---|
| 棕榈油 | 合　计 | 507.9 | 13.4 | 35.0 | 22.0 |
| | 印度尼西亚 | 321.5 | 21.6 | 22.1 | 32.1 |
| | 马来西亚 | 186.2 | 1.8 | 12.9 | 8.1 |
| 菜籽油 | 合　计 | 75.7 | 8.2 | 6.3 | 20.1 |
| | 加拿大 | 67.0 | 11.3 | 5.5 | 24.4 |
| | 澳大利亚 | 4.1 | 37.4 | 0.4 | 53.4 |
| | 俄罗斯 | 1.9 | 64.5 | 0.2 | 66.7 |
| 豆　油 | 合　计 | 65.3 | 16.6 | 5.4 | 18.7 |
| | 巴　西 | 33.9 | 17.5 | 2.7 | 19.2 |
| | 俄罗斯 | 12.8 | 74.2 | 1.1 | 70.7 |
| | 美　国 | 8.3 | −24.6 | 0.7 | −20.8 |
| 葵花油和红花油 | 合　计 | 74.5 | −22.1 | 6.2 | −24.5 |
| | 乌克兰 | 58.4 | −17.2 | 4.8 | −19.9 |
| | 俄罗斯 | 12.1 | −12.3 | 1.0 | −16.7 |
| | 哈萨克斯坦 | 2.7 | 188.2 | 0.2 | 151.2 |

（2）出口市场

中国食用植物油出口量较小，出口市场主要在亚洲，前五大市场依次为朝鲜、中国香港、新加坡、马来西亚和韩国（表 20）。

表 20　2017 年中国食用植物油出口市场

单位：万吨、亿美元、%

| 产　品 | 出口市场 | 出口量 | 比上年增长 | 出口额 | 比上年增长 |
|---|---|---|---|---|---|
| 豆　油 | 合　计 | 13.3 | 64.5 | 1.4 | 55.8 |
| | 朝鲜 | 10.1 | 20.8 | 1.1 | 13.6 |
| | 中国香港 | 2.4 | 217.3 | 0.2 | 216.5 |
| | 韩国 | 0.4 | 3.1 | 0.03 | 5.8 |
| 玉米油 | 合计 | 1.0 | 125.9 | 0.1 | 66.3 |
| | 中国香港 | 0.4 | 54.6 | 0.05 | 11.9 |
| | 阿曼 | 0.4 | | 0.03 | |
| | 新加坡 | 0.2 | 83.1 | 0.02 | 57.1 |
| 棕榈油 | 合计 | 1.8 | 155.9 | 0.2 | 166.2 |
| | 朝鲜 | 0.9 | 13 548.6 | 0.08 | 13 762.5 |
| | 中国香港 | 0.5 | 41.3 | 0.04 | 50.1 |
| | 蒙古 | 0.4 | 16.1 | 0.03 | 22.5 |
| 菜籽油 | 合计 | 2.1 | 341.7 | 0.2 | 251.5 |
| | 中国香港 | 1.7 | 295.5 | 0.1 | 208.8 |
| | 马来西亚 | 0.3 | — | 0.02 | — |

### 3. 价格变动

2017 年，主要进口品种棕榈油、菜籽油和豆油进口价格上涨拉动了食用植物油总体进口价格上涨。其中，棕榈油和菜籽油价格涨幅分别为 7.6%和 11%。

进口量最大的棕榈油进口价格 3 月最高，为每吨 724.8 美元，比年内最低的 9 月份高 65.6 美元，波动幅度为 10%，远低于上年的 27.1%（表 21、图 14）。

表 21　2017 年中国主要食用植物油进出口价格

单位：美元/吨、%

| 产　品 | 进口平均价格 | 比上年上涨 | 出口平均价格 | 比上年上涨 |
|---|---|---|---|---|
| 棕榈油 | 688.3 | 7.6 | 833.2 | 4.0 |
| 豆　油 | 821.0 | 1.7 | 1 043.6 | −5.3 |
| 菜籽油 | 831.1 | 11.0 | 881.1 | −20.4 |
| 葵花油和红花油 | 835.7 | −3.1 | 1 153.0 | −5.6 |
| 玉米油 | 1 665.7 | −3.7 | 1 168.8 | −26.3 |

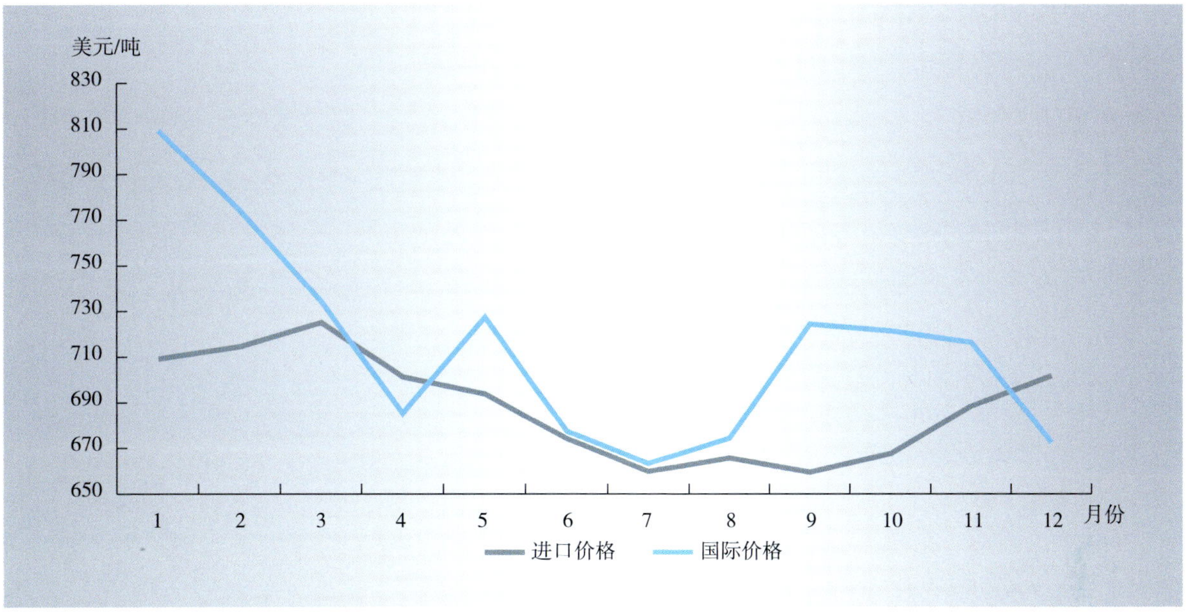


图 14 2017 年中国棕榈油月度进口价格与国际价格比较

数据来源：国际价格来自世界银行商品数据库。进口价格根据中国海关数据计算。

### (二) 影响因素

**1. 棕榈油增产价跌，刺激进口**

弱拉尼娜现象给棕榈主产区东南亚带来较多降水，使全球棕榈油产量增长 490 万吨，导致 2017 年下半年棕榈油国际价格同比下跌 5.2%，进口利润增加，刺激了进口量增长。

**2. 国内菜籽油供应下降，需求转向进口**

一是国家临储菜籽油供应大幅减少。2017 年国家临储菜籽油拍卖成交 89 万吨，同比下降 55%。二是小机榨降低了有效供应。近两年榨油厂上马小机榨设备较多，相比于浸出设备，出油率偏低。

**3. 豆油消费需求回暖，推动进口增加**

一是经济增长好于预期，城乡居民生活水平稳定提高，拉动了对豆油的进口需求。二是 2016/17 年度国内豆油期末库存为 53.6 万吨[①]，是 2011/12 年度以来的次低点，仅为 2013/14 年度的一半，刺激了进口需求。

## 食糖

### (一) 贸易概况

2017 年，中国食糖[②]进口下降，出口增加。其中，进口量 229 万吨，下降 25.2%，进口额 10.8 亿美元，下降 7.9%；出口量 15.8 万吨，增长 6%，出口额 0.9 亿美元，增长 8.9%。

① 数据来源：美国农业部 PSD 数据库。

② 包括未加香料或着色剂的其他甘蔗糖，砂糖，绵白糖，未列名精制糖，未加香料或着色剂的甜菜原糖，加香料或色料的甘蔗糖、甜菜糖及化学纯蔗糖，未加香料或着色剂的非离心甘蔗糖。

**1. 产品结构**

进口食糖主要是原糖（未加香料或着色剂的其他甘蔗糖）和砂糖。其中，原糖进口量 182.2 万吨，与上年相比下降 30.4%，占中国食糖进口总量的 79.5%。砂糖进口量 45.8 万吨，与上年相比增长 18.4%，占中国食糖进口总量的 20%。其他食糖产品中，除了未加香料或着色剂的甜菜原糖进口增加 170.9 吨以外，其余产品进口明显下降。

出口食糖主要是砂糖、未列名精制糖和原糖，出口量分别为 9.3 万吨、3.4 万吨和 2.5 万吨，分别占食糖出口总量的 58.9%、21.7%和 15.7%，与上年相比，分别增长 68.8%、下降 58.2%和增长 4.7 倍（表 22）。

**表 22 2017 年中国食糖及其产品贸易情况**

单位：万吨、亿美元、%

| 产品 | 进口量 | 出口量 | 净进口量 | 净进口量比上年增长 | 进口额 | 出口额 | 净进口额 | 净进口额比上年增长 |
|---|---|---|---|---|---|---|---|---|
| 食糖 | 229.0 | 15.8 | −213.3 | −78.0 | 10.8 | 0.9 | −9.9 | −1.0 |
| 原糖 | 182.2 | 2.5 | −179.7 | −81.7 | 8.3 | 0.11 | −8.2 | −1.2 |
| 砂糖 | 45.8 | 9.3 | −36.5 | 3.3 | 2.4 | 0.49 | −1.9 | 0.2 |
| 绵白糖 | 0.6 | 0.6 | 0.0 | 0.0 | 0.03 | 0.03 | 0.0 | 0.0 |
| 未列名精制糖 | 0.5 | 3.4 | −2.9 | −0.4 | 0.03 | 0.27 | 0.24 | 0.02 |

**2. 贸易区域**

2017 年，中国食糖前五大进口来源地分别是巴西、古巴、泰国、韩国和澳大利亚。其中，巴西仍为中国食糖进口第一大来源国，进口量为 79 万吨，占中国食糖进口量的 34.5%。与上年相比，从巴西、古巴、韩国和澳大利亚的食糖进口量分别下降 60.3%、7.9%、7.6%和 8.4%，从泰国进口量增长 61.1%（表 23）。

2017 年，中国食糖前五大出口市场为朝鲜、蒙古、中国香港、越南和美国，出口量分别为 6.8 万吨、3.3 万吨、2.2 万吨、1.5 万吨和 0.5 万吨；与上年相比，分别增长 53.9 倍、下降 0.2%、下降 9.6%、增长 293.6 倍和增长 19.9%。

**表 23　2017 年中国食糖主要进口来源地**

单位：万吨、亿美元、%

| 主要进口来源地 | 进口量 | 进口量比上年增长 | 进口量占进口总量的比重 | 进口额 | 进口额比上年增长 | 进口额占进口总额的比重 |
| --- | --- | --- | --- | --- | --- | --- |
| 巴　西 | 79.0 | −60.3 | 34.5 | 3.7 | −47.5 | 34.3 |
| 古　巴 | 40.2 | −7.9 | 17.6 | 2.1 | 19.6 | 19.4 |
| 泰　国 | 28.9 | 61.1 | 12.6 | 1.4 | 63.3 | 13.0 |
| 韩　国 | 18.2 | −7.6 | 7.9 | 1.0 | −1.7 | 9.4 |
| 澳大利亚 | 18.1 | −8.4 | 7.9 | 0.7 | −0.4 | 6.4 |

**3. 价格变动**

2017 年，全球食糖供给充足，糖价低迷。食糖价格从 1 月的每吨 448 美元持续下降至 6 月的 306 美元，为 2016 年 3 月以来最低水平。之后食糖价格维持在每吨 320 美元左右（图 15）。

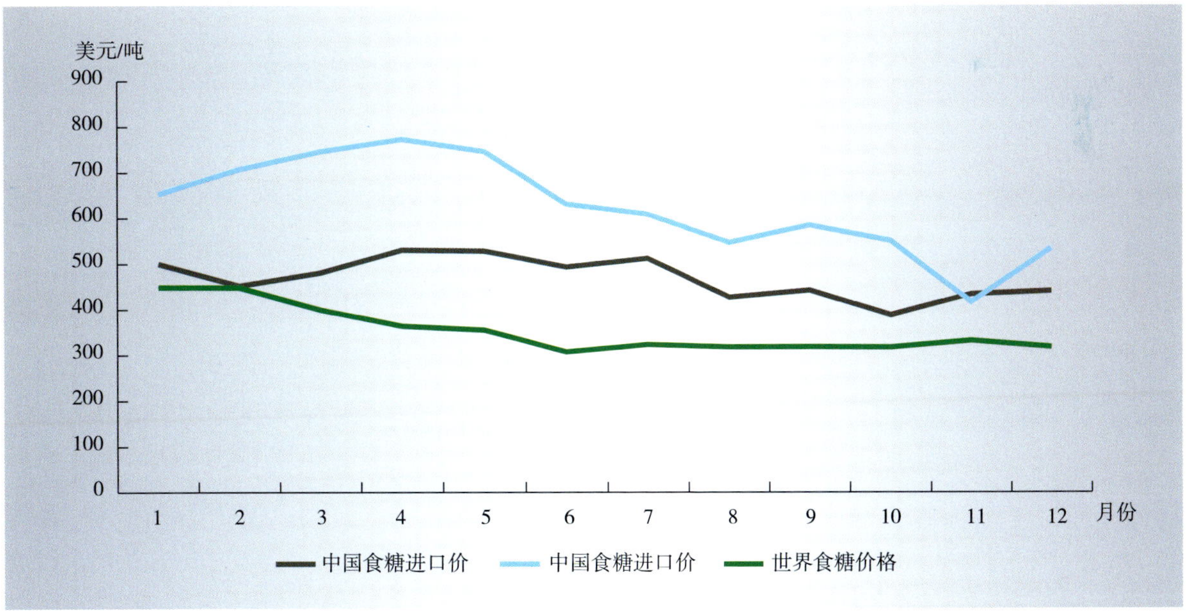


图 15　2017 年中国食糖月度进出口价格与世界食糖价格比较

数据来源：世界食糖价格来源于 FAO 商品价格数据库。

中国进口食糖的月度平均价格先升后降，4 月份最高，为每吨 529 美元，10 月份最低，为每吨 386 美元。全年进口食糖平均价格为每吨 471 美元，比上年上涨 23.2%。

**4. 自给率变动**

2017 年国内糖料种植面积为 168 万公顷，比上年减少 1 万公顷；成品糖产量为 1 470.6万吨，比上年增长 1.9%。全年净进口量213.3 万吨，食糖自给率为87.3%，比上年上涨 4.1 个百分点。

**（二）影响因素**

**1. 国际食糖供给充足价格下降，食糖进口压力加大**

2017 年，巴西、印度、泰国等主产国食糖产量增加，全球食糖消费增速下滑，食糖供需形势发生转换。据估计，全年食糖供给由上年缺口 170 万吨转为过剩 500 万吨，全球食糖库存继续增加。国际食糖价格由 1 月的每吨 448.2 美元下降至 10 月的每吨 316.1 美元，下降 29.5%，加大了我国进口压力。

**2. 对进口食糖采取保障措施，有效缓解了进口压力**

为应对进口食糖数量增加对中国食糖产业造成的冲击，2017 年 5 月 22 日，商务部发布《关于对进口食糖采取保障措施的公告》，裁定食糖进口对国内产业造成了严重损害，对配额外进口食糖征收保障措施关税，实施期限为 2017 年 5 月 22 日至 2020 年 5 月 21 日。保障措施实施后，2017 年配额外食糖关税税率由 50%增加到 95%，缩小了国内外食糖价差，食糖进口下降。

## 蔬菜

**（一）贸易概况**

2017 年，中国蔬菜出口量额同增、顺差扩大，贸易额再创新高。全年出口额 155.2 亿美元，比上年增长 5.2%，出口量 1 094.8万吨，增长 8.3%，出口额占农产品出口总额的 20.4%，提高 0.2 个百分点；进口额 5.5 亿美元，增长 3.5%，进口量 24.7 万吨，下降 1.4%；顺差 149.7 亿美元，扩大 5.3%，居农产品首位。

**1. 产品结构**

（1）出口产品

出口产品结构方面，2017 年以鲜冷冻蔬菜、加工保藏蔬菜和干蔬菜为主，分别占蔬菜出口总额的 40.9%、29.2% 和 28.9%，占蔬菜出口总量的 65.6%、28.8% 和 5.5%，量额累计占比均高达 99%。与上年相比，鲜冷冻蔬菜出口量增额减，加工保藏蔬菜量减额增，干蔬菜量额同增。其中，鲜冷冻蔬菜出口额 63.5 亿美元，比上年下降 1.2%；加工保藏蔬菜出口额 45.3 亿美元，比上年增长 1.9%；干蔬菜出口量比上年增长 12.9%，出口额增长 20.3%（表 24）。

**表 24 2017 年中国蔬菜进出口情况**

单位：万吨、亿美元、%

| 产品 | 出口 | | | | 进口 | | | |
| --- | --- | --- | --- | --- | --- | --- | --- | --- |
| | 出口量 | 比上年增长 | 出口额 | 比上年增长 | 进口量 | 比上年增长 | 进口额 | 比上年增长 |
| 蔬菜 | 1 094.8 | 8.3 | 155.2 | 5.2 | 24.7 | −1.4 | 5.5 | 3.5 |
| 鲜冷冻蔬菜 | 718.6 | 14.1 | 63.5 | −1.2 | 4.6 | 15.2 | 0.4 | 29.7 |
| 加工保藏蔬菜 | 315.5 | −3.4 | 45.3 | 1.9 | 17.0 | −7.3 | 2.2 | −7.1 |
| 干蔬菜 | 60.2 | 12.9 | 44.8 | 20.3 | 1.5 | 74.9 | 0.5 | −18.3 |

按出口额排序，2017 年前五大出口蔬菜产品依次是大蒜、蘑菇（干）、木耳、番茄（加工）、蘑菇（加工），分别占蔬菜出口总额的 20.8%、13.2%、5.1%、4.4% 和 4.2%，合计占比 47.7%（表 25）。

**表 25 2017 年中国主要蔬菜品种出口情况**

单位：亿美元、万吨、%

| 产品 | 出口额 | 比上年增长 | 占出口总额比重 | 出口量 | 比上年增长 |
| --- | --- | --- | --- | --- | --- |
| 大蒜 | 32.3 | −9.1 | 20.8 | 194.7 | 11.6 |
| 蘑菇（干） | 20.5 | 32.2 | 13.2 | 13.1 | 39.6 |
| 木耳 | 8.0 | 14.1 | 5.1 | 99.7 | 19.4 |
| 番茄（加工） | 6.9 | −10.0 | 4.4 | 168.4 | −8.7 |
| 蘑菇（加工） | 6.6 | −2.4 | 4.2 | 5.0 | −2.5 |

（2）进口产品

蔬菜进口继续增加。2017 年蔬菜进口额 5.5 亿美元，比上年增长 3.5%。鲜冷冻蔬菜进口量额分别为 4.6 万吨和 0.4 亿美元，较上年分别增长 15.2% 和 29.7%，进口额占蔬菜进口总额的 8%。加工保藏蔬菜进口额 2.2 亿美元，与上年相比下降 7.1%，进口额占蔬菜进口总额的 39.6%；进口量 17 万吨，比上年下降 7.3%。干蔬菜进口额减量增，分别比上年下降 18.3% 和增长 74.9%。

按进口额排序，2017 年进口额超过 1 000万美元的蔬菜产品依次是蔬菜种子、马铃薯、胡椒、番茄、甜玉米和豌豆。除马铃薯和胡椒进口额下降外，其他主要品种进口均上升。

**2. 贸易区域**

（1）出口市场

2017 年蔬菜出口前五大市场与上年相同，对它们的出口普遍量额齐增，出口集中度较上年继续提高。按出口额排序，依次是日本、中国香港、越南、韩国和美国。其中，对最大出口市场日本的出口量额较上年小幅上涨，对中国香港和越南的出口额增幅超过 20%（表 26）。

**表 26　2017 中国蔬菜主要出口市场**

单位：亿美元、万吨、%

| 国家（地区） | 出口额 | 比上年增长 | 占出口总额比重 | 出口量 | 比上年增长 |
|---|---|---|---|---|---|
| 日本 | 22.1 | 1.9 | 14.3 | 146.7 | 5.3 |
| 中国香港 | 21.5 | 37.9 | 13.9 | 93.7 | 3.5 |
| 越南 | 20.0 | 21.1 | 12.9 | 110.3 | 31.3 |
| 韩国 | 13.4 | 8.7 | 8.6 | 120.5 | 19.3 |
| 美国 | 11.5 | 6.9 | 7.4 | 48.0 | 5.6 |

（2）进口来源地

蔬菜进口来源地依然集中。美国是中国最大的进口来源地，2017 年从美国进口额 1.6 亿美元，较上年下降 7%，占进口总额比重降至 29.6%。此外，从日本、泰国、印度、意大利和丹麦的蔬菜产品进口额均超过 2 000 万美元。

**3. 价格变动**

全年蔬菜出口平均价格为每吨 1 417 美元，比上年下跌 2.8%；进口平均价格继续上涨，每吨 2 222 美元，上涨 2.8%。加工保藏蔬菜和干蔬菜出口价格分别上涨 5.5% 和 6.6%；鲜冷冻蔬菜出口价格下降 13.4%（表 27）。主要出口品种中，油橄榄（加工）涨幅最为明显，下降幅度超过 10%的产品有山药、大葱、橄榄、金针菜、大蒜、红小豆、洋葱、南瓜、豌豆（鲜冷冻和加工）、莲藕、辣根和蘑菇等 12 种产品，降幅分别为 32.8%、20.6%、19.9%、19.6%、18.6%、16.8%、14.2%、13.4%、12.4%、10.7%、10.5%和 10.1%。

**表 27　2017 年中国蔬菜出口平均价格**

单位：美元/吨、%

| 产　　品 | 出口价格 | 比上年增长 |
|---|---|---|
| 蔬菜 | 1 417.4 | −2.8 |
| 鲜冷冻蔬菜 | 884.3 | −13.4 |
| 加工保藏蔬菜 | 1 434.8 | 5.5 |
| 干蔬菜 | 7 447.1 | 6.6 |

2017年中国蔬菜月度出口价格波动基本与往年相同。其中，最高为1月的每吨1 768美元；最低为6月的每吨1 289美元。上半年平均价格略高于去年同期，下半年开始价格走低，12月同比跌幅高达15.5%（图16）。

图16　2016—2017年中国蔬菜一般贸易方式出口月度价格比较

**（二）影响因素**

**1. 大蒜出口价格大幅下降，拉动出口增长**

2017年1—5月，大蒜出口价格延续上年高涨走势，出口持续萎缩。6月新蒜上市，由于产量大幅增长，价格迅速下降，比5月每吨下降近1 000美元，出口大幅增长，当月出口量达28.6万吨，为月出口最高历史记录。之后价格保持在每吨1 300美元的低位，大蒜出口持续增加。

**2. 食用菌产业利好，拉动出口大幅增加**

经过前期粗放式扩张，近年部分小规模食用菌企业相继关闭，行业经历一轮洗牌，随着三产融合的推进和加工水平的不断提升，加上原料（如米糠、玉米芯等）成本下降，出口价格优势增加，拉动了出口增长。

## 水果坚果

**（一）贸易概况**

2017年，中国水果坚果贸易量额继续增长。全年贸易总量比上年增长7.6%，贸易总额增长4.1%。其中，出口量553.3万吨，增长2.2%，出口额82.7亿美元，与上年基本持平；进口量491.4万吨，增长14.5%，进口额71.7亿美元，增长10.3%。贸易顺差11亿美元，比上年下降40%。

**1. 产品结构**

（1）水果出口

全年水果出口520.1万吨，比上年增长1.5%；出口额70.8亿美元，与上年基本持平。其中，鲜冷冻水果出口量348.8万吨，比上年略降，出口额47亿美元，比上年下降2.8%；鲜冷冻水果中柑橘出口大幅下跌，鲜梨、葡萄、鲜桃出口量额齐增。水果汁出口在连续两年下降之后出现反弹，出口量72.6万吨，比上年增长26.4%，出口额7.5亿美元，增长14.9%。苹果汁作为水果汁出口最主要品种，出口量额均呈大幅增长。水果罐头出口量53.2万吨，下降5.1%，出口额5.8亿美元，下降4.4%。水果罐头中柑橘罐头、梨罐头出口量额均比上年下降。其他加工水果出口量45.5万吨，下降2.1%，出口额10.6亿美元，与上年基本持平。其中葡萄干、红枣、蜜枣出口均大幅下跌，草莓出口量增额减（表28）。

**表28 2017年中国主要水果产品出口情况**

单位：万吨、亿美元、%

| 产品 | | 出口量 | 比上年增长 | 出口额 | 比上年增长 |
|---|---|---|---|---|---|
| 鲜冷冻水果 | 鲜苹果 | 133.5 | 1.0 | 14.6 | 0.24 |
| | 柑 橘 | 77.5 | −17.0 | 10.7 | −17.8 |
| | 鲜 梨 | 51.9 | 14.8 | 5.4 | 11.5 |
| | 葡 萄 | 28.0 | 10.2 | 7.4 | 10.8 |
| | 鲜 桃 | 9.6 | 30.7 | 1.4 | 28.7 |
| | 草 莓 | 8.1 | −11.5 | 1.2 | 3.0 |
| 水果汁 | 苹果汁 | 65.6 | 29.2 | 6.5 | 18.6 |
| | 梨 汁 | 4.6 | 65.1 | 0.4 | 50.3 |
| 水果罐头 | 柑橘罐头 | 29.1 | −6.2 | 3.1 | −2.5 |
| | 桃罐头 | 13.8 | 2.6 | 1.6 | −2.6 |
| | 梨罐头 | 5.2 | −10.8 | 0.5 | −15.1 |
| 其他加工水果 | 葡萄干 | 1.4 | −52.1 | 0.3 | −52.8 |
| | 红 枣 | 1.0 | −10.3 | 0.3 | −10.5 |
| | 蜜 枣 | 0.8 | −11.5 | 0.2 | −9.6 |
| | 草 莓 | 1.4 | 9.2 | 0.4 | −7.1 |

（2）水果进口

水果进口量474.7万吨，比上年增长13.6%；进口额62.6亿美元，增长7.6%。其中，鲜冷冻水果进口量429.5万吨，增长12%；进口额54.2亿美元，增长5.1%。鲜冷冻水果中，龙眼、柑橘进口大幅增长，香蕉进口量增额稳，榴莲及葡萄进口出现下降。水果汁进口量额齐增，进口量15.6万吨，比上年增长 27.7%；进口额 3 亿美元，增长 28.9%。水果罐头进口量额齐增，进口量 3.2 万吨，增长 14.9%；进口额 0.4 亿美元，增长 12.3%。其他加工水果进口量额均大幅增长，进口量 26.3 万吨，增长 35.3%；进口额 4.9 亿美元，增长 27.7%（表 29）。

**表 29　2017 年中国主要水果产品进口情况**

单位：万吨、亿美元、%

| 产　品 | | 进口量 | 比上年增长 | 进口额 | 比上年增长 |
|---|---|---|---|---|---|
| 鲜冷冻水果 | 香　蕉 | 103.9 | 17.1 | 5.8 | −1 |
| | 鲜火龙果 | 53.3 | 1.9 | 3.9 | 2.2 |
| | 鲜龙眼 | 52.9 | 51.8 | 4.4 | 62 |
| | 榴　莲 | 22.4 | −23.2 | 5.5 | −20.4 |
| | 葡　萄 | 23.4 | −7.3 | 5.9 | −6.2 |
| | 柑　橘 | 46.7 | 57.9 | 5.5 | 55.6 |
| | 樱　桃 | 10.2 | −6.7 | 7.7 | −3.1 |
| | 猕猴桃 | 11.3 | −10.7 | 3.5 | 2.1 |
| | 鲜苹果 | 6.9 | 2.6 | 1.2 | −6.5 |
| 水果汁 | 柑橘汁 | 8.2 | 24.4 | 1.6 | 39.4 |
| | 葡萄汁 | 1.6 | 16.1 | 0.3 | 27.3 |
| 水果罐头 | 桃罐头 | 1.2 | −7.8 | 0.2 | −5.6 |
| | 菠萝罐头 | 1.7 | 41.1 | 0.2 | 38.8 |
| 其他加工水果 | 葡萄干 | 3.3 | −10.7 | 0.4 | −20.8 |
| | 龙眼（干、肉） | 5.8 | 71.5 | 0.9 | 50.6 |
| | 制作或保藏的柑橘 | 6.9 | 52.4 | 0.7 | 49.1 |
| | 制作或保藏的蔓越橘 | 1.6 | 31.4 | 0.5 | 19.8 |

（3）坚果出口

全年坚果出口量 33.2 万吨，比上年增长 14.1%；出口额 11.9 亿美元，与上年基本持平。出口产品主要是瓜子、栗子和松子仁，其中瓜子和松子仁出口量增额减，栗子出口量稳额减（表 30）。

（4）坚果进口

进口量 16.7 万吨，比上年增长 49.5%；

进口额9.1亿美元，比上年增长33.4%。进口量排前三位的产品分别为开心果、夏威夷果和巴旦杏，进口量额均快速增长（表30）。

**表30　2017年中国主要坚果进出口情况**

单位：万吨、亿美元、%

| 出口 | | | | | 进口 | | | | |
|---|---|---|---|---|---|---|---|---|---|
| 产　品 | 出口量 | 比上年增长 | 出口额 | 比上年增长 | 产　品 | 进口量 | 比上年增长 | 进口额 | 比上年增长 |
| 瓜　子 | 13.5 | 6.2 | 3.2 | −15.2 | 开心果 | 2.9 | 65.6 | 1.8 | 54.5 |
| 栗　子 | 4.4 | 0.1 | 1.2 | −4.7 | 夏威夷果 | 2.0 | 49.4 | 0.9 | 72.0 |
| 松子仁 | 1.6 | 17.3 | 2.4 | −10.6 | 巴旦杏 | 1.6 | 53.0 | 1.0 | 63.5 |

**2. 贸易区域**

（1）水果

按出口额排序，前五大出口市场依次是越南、泰国、美国、日本和俄罗斯。对上述市场的出口额合计37.3亿美元，占出口总额的52.7%。其中，对泰国出口大幅下降。按进口额排序，前五大进口来源地依次是泰国、智利、越南、菲律宾和美国。自前五大来源地的进口额合计40.8亿美元，占进口总额的65.2%。自智利进口出现回落，自泰国、越南、菲律宾和美国进口均大幅增加（表31）。

**表31　2017年中国水果前五大出口市场和进口来源地贸易额情况**

单位：万吨、亿美元、%

| 出口市场 | | | | | 进口来源地 | | | | |
|---|---|---|---|---|---|---|---|---|---|
| 国家（地区） | 出口额 | 比上年增长 | 出口量 | 比上年增长 | 国家（地区） | 进口额 | 比上年增长 | 进口量 | 比上年增长 |
| 越　南 | 10.7 | 20.2 | 59.1 | 4.1 | 泰　国 | 12.4 | 4.8 | 67.0 | 12.3 |
| 泰　国 | 8.6 | −15.5 | 45.6 | −18.0 | 智　利 | 10.3 | −15.0 | 26.8 | −14.2 |
| 美　国 | 7.7 | −2.3 | 66.5 | 2.9 | 越　南 | 6.9 | 10.7 | 117.7 | 6.6 |
| 日　本 | 5.4 | 3.4 | 27.4 | −1.9 | 菲律宾 | 5.7 | 8.0 | 89.5 | 23.7 |
| 俄罗斯 | 4.9 | −3.3 | 46.1 | −2.2 | 美　国 | 5.5 | 20.3 | 21.7 | 16.8 |
| 合　计 | 37.3 | — | 244.7 | — | 合　计 | 40.8 | — | 322.7 | — |

按出口量排序，对前五大出口市场的出口量合计244.7万吨，占出口总量的47.1%。其中，对泰国出口量回落。按进口量排序，自前五大来源地的进口量合计322.7万吨，占进口总量68%。其中，自菲律宾进口量大幅增长，自智利进口量出现回落。

（2）坚果

按出口额排序，前五大出口市场依次为美国、日本、德国、荷兰和韩国，构成与上年相同，仅排序发生了变化。对上述市场的出口额合计5.4亿美元，占出口总额的45%。除对日本出口额增长外，对其余四国出口额均大幅下滑。按进口额排序，前五大进口来源地依次为美国、蒙古、朝鲜、越南和澳大利亚，与上年相比越南和澳大利亚取代了土耳其和巴基斯坦。自上述五国进口额均大幅增长，除蒙古外其余四国增长幅度均超出50%。自前五大来源地的进口额合计6.9亿美元，占进口总额的75.3%（表32）。

**表32　2017年中国坚果前五大出口市场和进口来源地贸易额情况**

单位：万吨、亿美元、%

| 出口市场 | | | | | 进口来源地 | | | | |
|---|---|---|---|---|---|---|---|---|---|
| 国家（地区） | 出口额 | 比上年增长 | 出口量 | 比上年增长 | 国家（地区） | 进口额 | 比上年增长 | 进口量 | 比上年增长 |
| 美国 | 1.6 | −12.1 | 3.4 | 5.5 | 美国 | 3.8 | 51.0 | 6.4 | 51.1 |
| 日本 | 1.3 | 4.5 | 2.8 | 2.9 | 蒙古 | 0.9 | 17.6 | 1.3 | 109.6 |
| 德国 | 1.3 | −8.3 | 2.2 | 1.1 | 朝鲜 | 0.8 | 56.8 | 2.4 | 122.4 |
| 荷兰 | 0.7 | −26.0 | 2.0 | 7.6 | 越南 | 0.7 | 70.5 | 0.6 | 50.0 |
| 韩国 | 0.5 | −2.7 | 2.2 | 2.7 | 澳大利亚 | 0.6 | 82.8 | 1.2 | 61.7 |
| 合计 | 5.4 | — | 12.5 | — | 合计 | 6.9 | — | 11.9 | — |

按出口量排序，前五大出口市场依次是美国、日本、韩国、德国和荷兰。对前五大出口市场的出口量合计12.5万吨，占出口总量的37.7%。按进口量排序，前五大进口来源地依次是美国、朝鲜、蒙古、澳大利亚和韩国。自前五大进口来源地的进口量合计11.9万吨，占进口总量的71.3%。

**3. 价格变动**

（1）水果

总体看，中国水果进出口价格均比上年下降。鲜冷冻水果中，鲜苹果、鲜梨、柑橘等主要出口品种平均出口价格呈不同程度下跌，柑橘价格跌幅最大；香蕉进口价格大幅下降，柑橘、鲜葡萄、火龙果平均进口价格基本与上年持平，猕猴桃、樱桃、龙眼、榴莲等进口价格比上年上涨。水果罐头总体出口价格变动不大，但柑橘罐头出口价格明显上涨。水果汁出口价格继续下跌，进口价格涨幅较大。苹果汁出口价格比上年下降7.3%，柑橘汁进口价格上涨13.1%。其他加工水果出口价格略涨，进口价格下跌（表33）。

表 33 2017 年一般贸易方式下中国水果产品平均进出口价格

单位：美元/吨、%

| 产品 | 出口 | | 进口 | |
|---|---|---|---|---|
| | 平均价格 | 比上年上涨 | 平均价格 | 比上年上涨 |
| 水果 | 1 367 | −5.6 | 1 586 | −7.0 |
| 鲜冷冻水果 | 1 380 | −5.6 | 1 552 | −8.3 |
| 鲜苹果 | 1 079 | −4.3 | | |
| 鲜梨 | 1 036 | −6.4 | | |
| 柑橘 | 1 462 | −13.2 | 1 184 | 0.6 |
| 鲜葡萄 | 2 719 | −1.7 | 2 526 | 1.2 |
| 香蕉 | 1 097 | | 601 | −17.0 |
| 榴莲 | 769 | | 2 461 | 3.7 |
| 火龙果 | 1 601 | | 810 | −1.3 |
| 猕猴桃 | 2 184 | | 3 111 | 14.1 |
| 樱桃 | 10 660 | | 7 600 | 4.1 |
| 鲜龙眼 | 3 137 | | 1 311 | 4.8 |
| 水果罐头 | 1 000 | −0.5 | 1 409 | −2.9 |
| 柑橘罐头 | 1 072 | 14.9 | | |
| 桃罐头 | 1 141 | 1.2 | | |
| 水果汁 | 1 020 | −8.8 | 2 035 | 12.7 |
| 苹果汁 | 989 | −7.3 | | |
| 柑橘汁 | | | 1 992 | 13.1 |
| 其他加工水果 | 2 351 | 1.7 | 1 775 | −5.4 |

（2）坚果

坚果平均出口价格比上年下跌 11.1%，主要出口产品瓜子、栗子和松子仁出口价格均不同程度下跌。平均进口价格大幅回落，主要进口产品价格变动情况各异，开心果价格基本与上年持平，夏威夷果价格上涨，巴旦杏价格下跌（表 34）。

**表 34 2017 年一般贸易方式下中国主要坚果平均进出口价格**

单位：美元/吨、%

| 产　品 | 出　口 | | 产　品 | 进　口 | |
|---|---|---|---|---|---|
| | 平均价格 | 比上年上涨 | | 平均价格 | 比上年上涨 |
| 坚　果 | 2 826 | −11.1 | 坚　果 | 6 938 | −16.1 |
| 松子仁 | 19 272 | −11.6 | 开心果 | 7 550 | −0.5 |
| 瓜　子 | 2 389 | −21.5 | 巴旦杏 | 6 073 | −11.4 |
| 栗　子 | 2 538 | −6.4 | 夏威夷果 | 5 832 | 15.9 |

### （二）影响因素

**1. 自贸协定项下中国水果关税的减免及优惠关税利用率的提高增强了自贸伙伴对华出口优势**

中国在已签署的自贸协定项下对水果几乎全部给予最终零关税待遇，提升了自贸伙伴水果产品在中国市场的竞争优势。随着自贸协定框架下中国水果关税的减免，国内贸易企业对优惠关税利用率的提高，以及进口水果流通渠道的不断拓展完善，来自自贸伙伴的水果进口不断增长。2017 年除自智利进口有所回落外，自越南、泰国、菲律宾、澳大利亚、秘鲁等自贸伙伴进口均大幅增长。特别是澳大利亚，截至 2017 年初，中国对澳大利亚水果进口关税已实施三次降税，增强了澳大利亚水果的价格优势，导致自澳大利亚进口大幅增长。

**2. 印度尼西亚水果准入条件有所改善，促进了中国对其出口**

印度尼西亚曾于 2015 年出台进口植物源性新鲜食品安全法规，要求进口果蔬产品必须来自通过其食品安全体系认证的国家或需附经印度尼西亚食品安全体系认证的实验室出具的检测报告。因中国食品安全体系未获印度尼西亚认证，获认证的实验室也较少，印度尼西亚该规定直接限制了中国水果对其出口。经中国政府磋商，2016 年 11 月，印度尼西亚修订了该法规，增加了进口许可文件选项，出口壁垒障碍有所缓解。

## 茶叶

### （一）贸易概况

2017 年中国茶叶贸易保持增长，贸易顺差扩大。茶叶出口量 36.7 万吨，比上年增长 7.7%；出口额 17.3 亿美元，增长 7.9%。茶叶进口量 3.2 万吨，增长 32%；进口额 1.7 亿美元，增长 36.1%。贸易顺差 15.6 亿美元，扩大 5.6%。

**1. 产品结构**

出口产品以绿茶为主，量额均保持增长。绿茶出口量占比为 80.3%，比上年提高 0.8 个百分点；出口额占比为 65.6%，下降 0.9 个百分点。红茶、乌龙茶、花茶出口量额同增，普洱茶出口量减额增（表 35）。

**表 35 2017 年中国出口茶叶产品结构**

单位：百吨、百万美元、%

| 产 品 | 出口量 | 比上年增长 | 出口额 | 比上年增长 | 占茶叶出口比重 | |
|---|---|---|---|---|---|---|
| | | | | | 出口量 | 出口额 |
| 茶 叶 | 3 669.9 | 7.7 | 1 729.1 | 7.9 | | |
| 绿 茶 | 2 946.3 | 8.8 | 1 134.0 | 6.5 | 80.3 | 65.6 |
| 红 茶 | 355.6 | 7.3 | 277.7 | 8.4 | 9.7 | 16.1 |
| 乌龙茶 | 161.8 | 1.4 | 117.9 | 31.3 | 4.4 | 6.8 |
| 花 茶 | 61.6 | 6.2 | 50.9 | 6.7 | 1.7 | 2.9 |
| 普洱茶 | 27.2 | −7.5 | 29.5 | 12.2 | 0.7 | 1.7 |

进口产品以红茶为主。红茶进口量额同增，进口量占比与上年持平，进口额占比下降 2.7 个百分点。乌龙茶、绿茶进口量额同增，花茶进口降幅较大（表 36）。

**表 36 2017 年中国进口茶叶产品结构**

单位：百吨、百万美元、%

| 产 品 | 进口量 | 比上年增长 | 进口额 | 比上年增长 | 占茶叶进口比重 | |
|---|---|---|---|---|---|---|
| | | | | | 进口量 | 进口额 |
| 茶 叶 | 320.0 | 32.0 | 168.6 | 36.1 | | |
| 红 茶 | 254.6 | 32.0 | 106.6 | 30.4 | 79.6 | 63.3 |
| 乌龙茶 | 18.4 | 20.9 | 28.0 | 56.4 | 5.8 | 16.6 |
| 绿 茶 | 21.5 | 34.0 | 11.8 | 44.7 | 6.7 | 7.0 |
| 花 茶 | 1.5 | −27.4 | 2.5 | −27.8 | 0.5 | 1.5 |

**2. 贸易区域**

（1）出口市场

按出口额排序，2017 年茶叶前五大出口市场依次为中国香港、摩洛哥、美国、越南和加纳，出口额合计 7.9 亿美元，占出口总额的 45.6%。其中，对中国香港出口 2.8 亿美元，比上年增长 44.3%，占当年出口额的 16%；对摩洛哥出口 2.3 亿美元，比上年增长 1.1%，占当年出口额的 13.3%；对美国和越南出口额分别比上年下降 10.1%和 14.9%（表 37）。

表 37 2017 年中国茶叶出口主要市场

单位：百吨、百万美元、%

| 出口市场 | 出口额 | 比上年增长 | 出口量 | 比上年增长 | 占茶叶出口比重 | |
|---|---|---|---|---|---|---|
| | | | | | 出口额 | 出口量 |
| 中国香港 | 277.3 | 44.3 | 161.0 | 2.2 | 16.0 | 4.4 |
| 摩洛哥 | 229.3 | 1.1 | 753.7 | 12.0 | 13.3 | 20.5 |
| 美国 | 99.3 | −10.1 | 168.5 | −10.7 | 5.7 | 4.6 |
| 越南 | 97.7 | −14.9 | 36.7 | −2.0 | 5.7 | 1.0 |
| 加纳 | 85.5 | 14.7 | 197.8 | 16.8 | 4.9 | 5.4 |
| 小计 | 789.1 | 9.8 | 1 317.7 | 7.5 | 45.6 | 35.9 |

按出口量排序，前五大出口市场分别是摩洛哥、乌兹别克斯坦、加纳、美国和中国香港，合计出口 15.2 万吨，占茶叶出口总量的 41.5%。其中，对摩洛哥出口 7.5 万吨，占 20.5%。出口量 1 万吨以上的市场共 11 个，除前述前五大出口市场外，还包括毛里塔尼亚、俄罗斯、塞内加尔、阿尔及利亚、日本和德国，对 11 个市场合计出口 23.6 万吨，占茶叶出口总量的 64.4%。

（2）进口来源地

从进口额看，2017 年中国茶叶前五大进口来源地分别为斯里兰卡、中国台湾、印度、美国和肯尼亚，合计进口 1.3 亿美元，占茶叶进口总额的 78.5%（表 38）。按进口量排序，茶叶前五大进口来源地分别是斯里兰卡、印度、中国台湾、印度尼西亚和肯尼亚，合计进口 2.6 万吨，占茶叶进口总量的 80.5%。其中，从斯里兰卡进口 1.0 万吨，占 31.7%。进口量超过 1 000 吨的来源地共 6 个。

表 38 2017 年中国茶叶进口主要来源地

单位：百吨、百万美元、%

| 进口来源地 | 进口额 | 比上年增长 | 进口量 | 比上年增长 | 占茶叶进口比重 | |
|---|---|---|---|---|---|---|
| | | | | | 进口额 | 进口量 |
| 斯里兰卡 | 55.2 | 30.1 | 101.3 | 18.8 | 32.7 | 31.7 |
| 中国台湾 | 44.4 | 50.6 | 40.1 | 33.9 | 26.3 | 12.5 |
| 印度 | 25.2 | 27.2 | 87.8 | 57.1 | 14.9 | 27.4 |
| 美国 | 4.0 | 213.6 | 1.7 | 181.2 | 2.4 | 0.5 |
| 肯尼亚 | 3.5 | 67.4 | 13.1 | 70.8 | 2.1 | 4.1 |
| 小计 | 132.3 | 39.2 | 244.1 | 36.0 | 78.5 | 76.3 |

**3. 价格变动**

（1）国际市场价格高于上年，整体涨幅较大

2017 年 1—12 月，国际茶叶拍卖价格

平均 3 103.6 美元/吨，比上年同期上涨 462.8 美元，涨幅 17.5%。分时段来看，1—3 月价格略低于 3 000 美元/吨，4—12 月价格均在 3 000 美元/吨以上，整体来看价格涨势明显（图 17）。

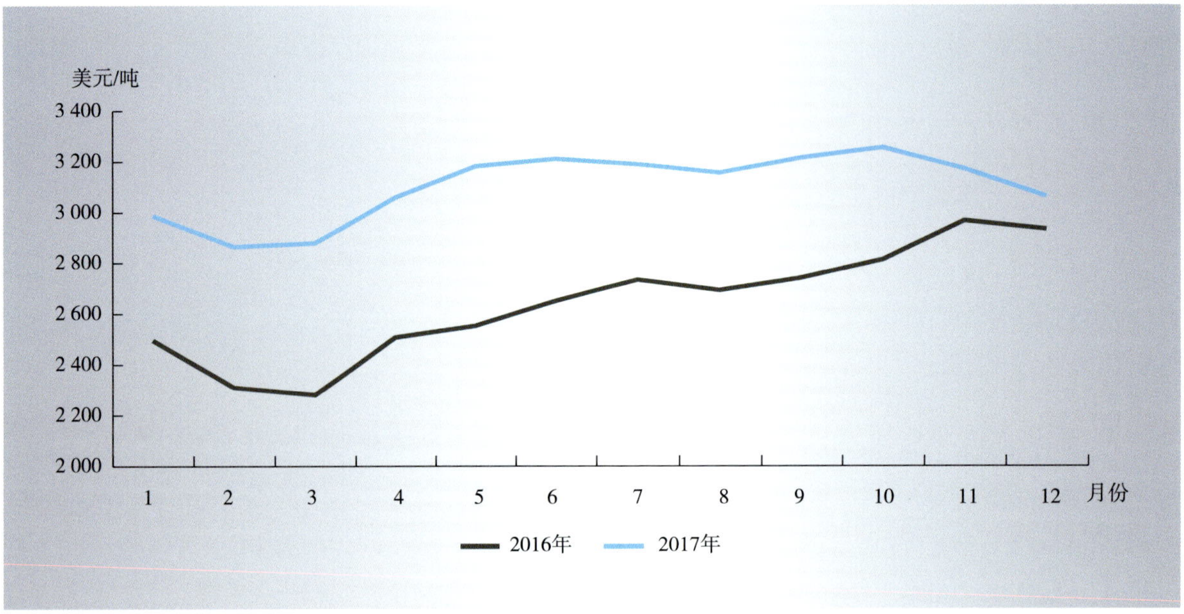


图 17　2016—2017 年国际市场茶叶拍卖价格比较

注：世界银行数据库茶叶拍卖价格仅更新至 2017 年 10 月。

（2）中国茶叶进出口价格均增长，进口价格涨幅略高

中国茶叶进出口价格均上涨。出口均价为每吨 4 711.6 美元，比上年上涨 0.2%。其中，绿茶出口价格下跌 2.1%，红茶、乌龙茶、花茶、普洱茶出口价格上涨。进口均价每吨 5 268.6 美元，比上年上涨 3.1%。其中，红茶进口价格下跌 1.2%，绿茶、乌龙茶进口价格上涨（表 39、图 18）。

**表 39　2016—2017 年中国茶叶产品进出口价格比较**

单位：美元/吨、%

| 产　品 | 出口价格 | | | 进口价格 | | |
|---|---|---|---|---|---|---|
| | 2016 年 | 2017 年 | 比上年上涨 | 2016 年 | 2017 年 | 比上年上涨 |
| 茶　叶 | 4 700.2 | 4 711.6 | 0.2 | 5 109.7 | 5 268.6 | 3.1 |
| 绿　茶 | 3 931.2 | 3 848.8 | −2.1 | 5 077.4 | 5 482.8 | 8.0 |
| 红　茶 | 7 732.3 | 7 808.2 | 1.0 | 4 237.4 | 4 188.4 | −1.2 |
| 乌龙茶 | 5 629.0 | 7 284.4 | 29.4 | 11 768.5 | 15 214.6 | 29.3 |
| 花　茶 | 8 224.8 | 8 261.2 | 0.4 | 16 647.7 | 16 541.6 | −0.6 |
| 普洱茶 | 8 948.8 | 10 854.0 | 21.3 | 5 531.7 | 2 849.6 | −48.5 |

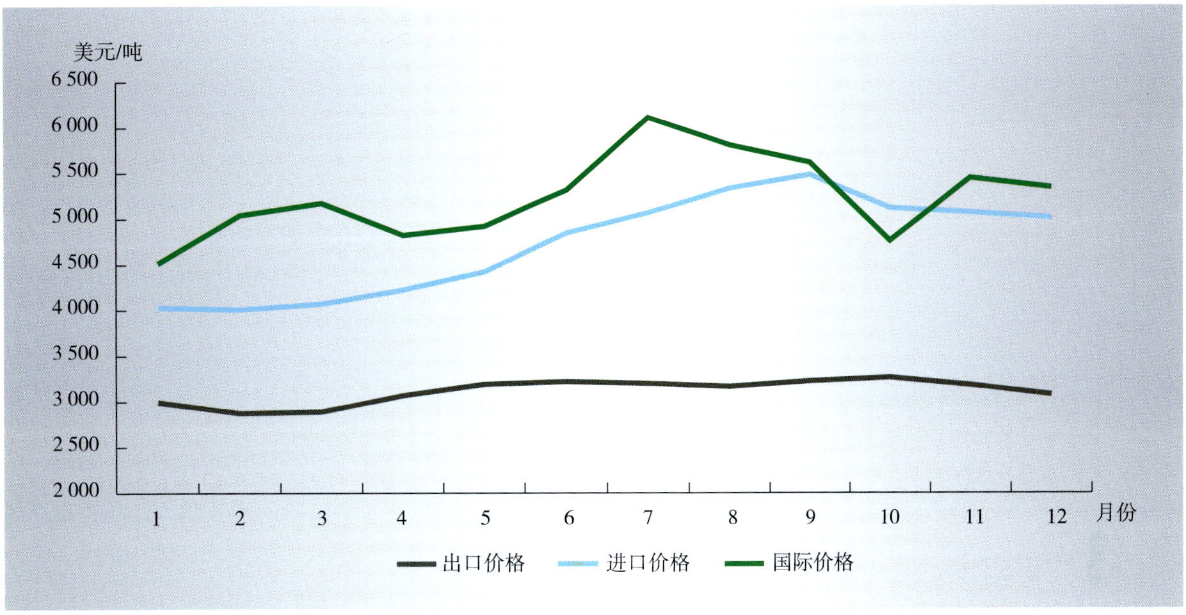


图 18　2017 年中国茶叶进出口价格与国际市场茶叶拍卖价格比较

（二）影响因素

**1. 绿茶出口价格下跌，推动了出口增长**

绿茶出口价格在上年恢复增长后，2017 年出口均价跌至 3 848.8 美元/吨，同比下降 2.1%。在出口量超 1 万吨的共 11 个市场中，除对美国和塞内加尔有所下降外，对其他 9 个出口市场均有所增长。其中，对前三位的市场摩洛哥、乌兹别克斯坦和加纳出口量比上年分别增长 12%、16.2%和 16.8%。

**2. 红茶进口价格下跌，自“一带一路”国家进口增长**

2017 年红茶进口均价 4 188.4 美元/吨，比上年下跌 1.2%，拉动进口大幅增长。在红茶前五大进口来源地中，进口均价比上年下跌 4.8%，自印度和东盟进口均价分别下跌 20.4%和 18.1%。2017 年自斯里兰卡进口红茶 1 万吨，占进口总量的 39.5%，比上年增长 18.8%；自印度进口 0.8 万吨，占 32.5%，增长 61.8%。

## 畜产品

（一）贸易概况

2017 年，中国畜产品贸易总额 319.7 亿美元，比上年增长 10.1%。其中，出口额 63.6 亿美元，增长 12.7%；进口额 256.2 亿美元，增长 9.5%；逆差 192.6 亿美元，比上年扩大 8.4%。乳品、生猪产品、牛产品、动物毛、动物生皮、动物生毛皮、羊产品和马驴骡等为逆差产品，肠衣、家禽产品、羽毛、蜂产品、蛋产品和兔产品等保持顺差（图 19）。

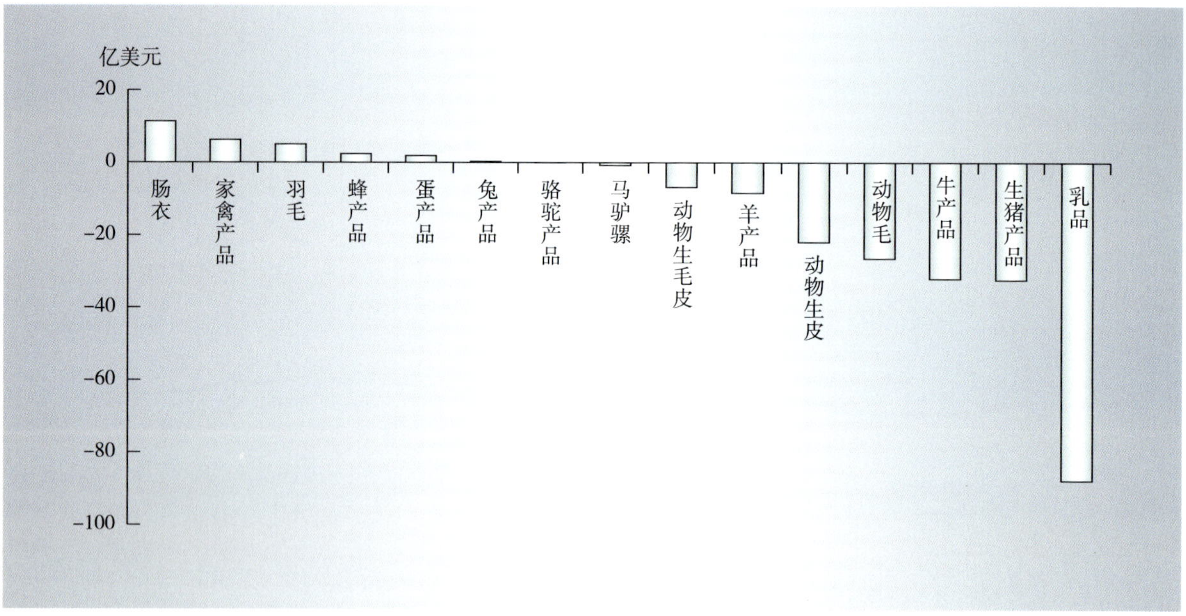


图 19　2017 年中国畜产品进出口贸易差额情况

**1. 产品结构**

2017 年，贸易额超过 10 亿美元的畜产品有 7 类，依次是乳品、生猪产品、牛产品、动物毛、家禽产品、动物生皮和肠衣，7 类产品贸易额合计 277.5 亿美元，占中国畜产品贸易总额比重达 86.8%（表 40）。

（1）出口产品。2017 年出口额超过 1 亿美元的畜产品是家禽产品、肠衣、生猪产品、羽毛、蜂产品、动物毛、蛋产品、牛产品和乳品等 9 类产品，出口额合计 58.7 亿美元，占畜产品出口总额的 92.3%。与上年相比，羊产品、兔产品、家禽产品、蛋产品、乳制品、动物毛、肠衣、羽毛等出口额增长，其他畜产品出口额下降。

（2）进口产品。2017 年进口额超过 10 亿美元的畜产品有乳制品、生猪产品、牛产品、动物毛、动物生皮和家禽产品等 6 类产品，进口额合计 228.1 亿美元，占畜产品进口总额的 89%。与上年相比，生猪产品、兔产品、家禽产品、动物生毛皮、动物生皮等进口额下降，其他畜产品进口额增加。

（3）主要畜产品贸易

生猪产品。2017 年出口额 11.6 亿美元，比上年下降 1.6%；进口额 44 亿美元，下降 24.3%；逆差 32.4 亿美元，比上年缩小 30%。

活猪、加工猪肉和猪肉为主要出口产品。活猪出口量 17 万吨，比上年增长 2.2%，出口额 4.5 亿美元，下降 12.3%；加工猪肉出口量 10.9 万吨，出口额 4.5 亿美元，分别增长 10.3%和 9.6%；猪肉出口量 5.1 万吨，出口额 2.6 亿美元，分别增长 5.7%和 2%。

## 表 40 2017 年中国畜产品进出口情况

单位：百万美元、%

| 产 品 | 出口额 | | | 进口额 | | | 贸易逆差 | |
|---|---|---|---|---|---|---|---|---|
| | 金 额 | 比上年增长 | 占出口总额比重 | 金 额 | 比上年增长 | 占进口总额比重 | 金 额 | 比上年增长 |
| 畜产品 | 6 356.1 | 12.7 | 100.0 | 25 615.9 | 9.5 | 100.0 | 19 259.7 | 8.4 |
| 生猪产品 | 1 159.7 | −1.6 | 18.2 | 4 400.5 | −24.3 | 17.2 | 3 240.8 | −30.0 |
| 牛产品 | 149.3 | −15.0 | 2.3 | 3 356.6 | 19.0 | 13.1 | 3 207.3 | 21.3 |
| 羊产品 | 46.4 | 28.3 | 0.7 | 882.9 | 51.7 | 3.4 | 836.5 | 53.3 |
| 马驴骡 | 0.2 | −18.1 | | 75.7 | 88.1 | 0.3 | 75.5 | 88.8 |
| 骆驼产品 | | | | 2.9 | 116.8 | | 2.9 | 116.8 |
| 兔产品 | 29.9 | 33.6 | 0.5 | 0.4 | −10.0 | | −29.5 | 34.4 |
| 家禽产品 | 1 672.3 | 10.6 | 26.3 | 1 050.9 | −20.1 | 4.1 | −621.4 | 214.7 |
| 蜂产品 | 335.0 | −0.2 | 5.3 | 98.7 | 23.5 | 0.4 | −236.3 | −7.6 |
| 蛋产品 | 186.3 | 1.0 | 2.9 | 0.1 | | | −186.2 | 1.0 |
| 乳 品 | 123.8 | 55.2 | 1.9 | 8 896.2 | 38.1 | 34.7 | 8 772.4 | 37.9 |
| 动物毛 | 257.0 | 13.0 | 4.0 | 2 898.7 | 16.7 | 11.3 | 2 641.7 | 17.1 |
| 动物生毛皮 | 1.9 | −12.5 | | 680.8 | −15.6 | 2.7 | 678.8 | −15.6 |
| 动物生皮 | 12.3 | −15.7 | 0.2 | 2 202.7 | −0.3 | 8.6 | 2 190.3 | −0.2 |
| 肠 衣 | 1 347.4 | 25.6 | 21.2 | 220.1 | 18.9 | 0.9 | −1 127.3 | 27.0 |
| 羽 毛 | 635.5 | 45.2 | 10.0 | 136.1 | 71.4 | 0.5 | −499.3 | 39.4 |
| 其他畜产品 | 399.1 | 10.6 | 6.3 | 712.6 | 29.8 | 2.8 | 313.5 | 66.7 |

猪肉和猪杂碎是主要进口产品。猪肉进口量 121.7 万吨，进口额 22.2 亿美元，分别下降 24.9%和 30.4%；猪杂碎进口量 128.2 万吨，进口额 21.5 亿美元，分别下降 14.1%和 17.4%。

牛产品。出口额 1.5 亿美元，比上年下降 15%；进口额 33.6 亿美元，增长 19%；贸易逆差 32.1 亿美元，比上年扩大 21.3%。

加工牛肉、非种用活牛为主要出口产品。加工牛肉出口量 1.1 万吨，下降 5.4%，出口额 7 949 万美元，增长 5.1%；非种用活牛出口量 1.2 万吨，与上年基本持平，出口额 6 181.1 万美元，增长 1.2%；牛肉出口量 921.9 吨，出口额 789.7 万美元，分别下降 77.8%和 80.4%。

牛肉和种牛是主要进口产品。进口最多的是牛肉，进口量 69.5 万吨，进口额 30.7 亿美元，分别增长 19.9%和 21.8%；其次是种牛，进口 7.9 万头，进口额 1.6 亿美元，分别比上年下降 40.4%和 30%；牛杂碎进口量 2 万吨，下降 3.2%，进口额 7 358.2万美元，增长 2.3%。

羊产品。出口额 4 642.5 万美元，比上年增长 28.3%；进口额 8.8 亿美元，增长 51.7%；贸易逆差 8.4 亿美元，比上年扩大 53.3%。

羊肉是主要贸易产品。出口量 5 158.4 吨，出口额 4 555.2 万美元，分别增长 27%和 29.2%。进口量 24.9 万吨，进口额 8.8 亿美元，分别增长 13.1%和 53.1%。

家禽产品。出口额 16.7 亿美元，比上年增长 10.6%；进口额 10.5 亿美元，下降 20.1%。贸易顺差 6.2 亿美元，扩大 214.7%。

加工家禽、禽肉及杂碎是主要出口产品。加工家禽出口量 26.7 万吨，出口额 11.1 亿美元，分别比上年增长 15.5%和 15.7%。禽肉及杂碎出口量 24 万吨，出口额 5.6 亿美元，分别增长 6.2%和 4.1%。另外，非种用活家禽出口量 637.2 吨，出口额 221.6 万美元，分别下降 87.7%和 85.5%。

禽肉及杂碎是主要进口产品，进口量 45.2 万吨，进口额 10.3 亿美元，分别下降 23.8%和 19.7%。另外，种鸡进口量 44 吨，进口额 1 865.3 万美元，分别下降 31.8%和 35.6%。

蛋产品。出口额 1.9 亿美元，比上年增长 1%，进口额 11.4 万美元，增长 133 倍。

鲜蛋和加工蛋是主要出口产品。鲜蛋出口量 8.2 万吨，增长 5.7%，出口额 1.1 亿美元，下降 4.1%；加工蛋出口量 3 万吨，增长 20%，出口额 7 245.9 万美元，增长 10.4%。

乳制品。出口额 1.2 亿美元，比上年增长 55.2%；进口额 89 亿美元，增长 38.1%；贸易逆差 87.7 亿美元，比上年扩大 37.9%。

奶粉和鲜奶是主要出口产品。奶粉出口量 9 758.8 吨，出口额 8 790 万美元，分别增长 25.9%和 76.5%；鲜奶出口量 2.3 万吨，增长 1.5%，出口额 2 065.3 万美元，增长 2.3%。

奶粉、鲜奶和乳清粉是主要进口产品。奶粉进口量 104 万吨，进口额 61.9 亿美元，分别增长 22.9%和 36.9%；鲜奶进口量 66.8 万吨，进口额 8.8 亿美元，分别增长 5.3%和 37.5%；乳清粉进口量 52.7 万吨，进口额 6.6 亿美元，分别增长 6.4%和 49.2%。

动物毛。出口额 2.6 亿美元，比上年增长 13%；进口额 29 亿美元，增长 6.7%。出口产品中，羊毛出口量 1 万吨，出口额4 881.5万美元，分别下降 29.1%和 25.4%；猪鬃、猪毛出口量 6 591.8 吨，出口额 8 426.1 万美元，分别下降 6.8%和 7.8%。进口产品中，羊毛进口量 34.6 万吨，进口额 27.6 亿美元，分别增长 8.5%

和17.3%；山羊绒进口量7 297.5吨，增长0.4%，进口额1.3亿美元，增长4.4%。

动物生皮和动物生毛皮。动物生皮出口额1 234.1万美元，比上年下降15.7%；进口额22亿美元，下降0.3%。动物生毛皮出口额193.9万美元，下降12.5%；进口额6.8亿美元，下降15.6%。

**2. 贸易区域**

（1）出口市场。按出口额大小排序，2017年畜产品前5位出口市场依次为中国香港、日本、德国、美国和越南，出口额合计为44.4亿美元，占畜产品出口总额的69.8%。

与上年相比，除泰国和中国澳门外，对主要市场（出口额1亿美元以上）的出口均有不同程度的上升，其中对越南、韩国、德国和荷兰出口上升幅度较大（表41）。

**表41 2017年中国畜产品出口主要市场**

单位：亿美元、%

| 国家（地区） | 出口额 | 比上年增长 | 占出口总额比重 |
|---|---|---|---|
| 中国香港 | 20.1 | 5.1 | 32.0 |
| 日　本 | 13.7 | 12.0 | 22.0 |
| 德　国 | 4.1 | 25.3 | 6.0 |
| 美　国 | 3.2 | 8.3 | 5.0 |
| 越　南 | 3.2 | 98.5 | 5.0 |

对中国香港主要出口生猪产品、家禽产品、蛋产品和乳品，出口额分别为8.7亿美元、5.2亿美元、1.3亿美元和1亿美元，占对港畜产品出口总额的43.1%、25.9%、6.5%和5.2%。其中，出口活猪15.9万吨，比上年增长2.4%，出口额4.2亿美元，下降12.9%；出口猪肉4.6万吨，出口额2.3亿美元，分别增长13.4%和10.6%；出口加工猪肉4.2万吨，出口额2.2亿美元，分别增长12.4%和16.1%。出口家禽产品18.6万吨，增长3.5%。出口蛋产品8.7万吨，增长5.4%。出口乳品3.2万吨，增长7.6%。

对日本主要出口产品为家禽、生猪产品和蜂产品，出口额分别占对日畜产品出口总额的62.2%、9.9%和6.8%。其中，出口家禽产品20万吨，出口额8.5亿美元，比上年分别增长17.3%和20%；出口生猪产品3.5万吨，出口额1.4亿美元，较上年分别增长6.9%和2.8%；出口蜂产品3.1万吨，出口额9 297.8万美元，较上年分别下降21.4%和17.3%。

（2）进口来源地。按进口额大小排序，前5位进口来源地依次为新西兰、澳大利亚、美国、巴西和荷兰，合计占畜产品进口总额的61.5%（表42）。

**表 42　2017 年中国畜产品进口主要来源地**

单位：亿美元、%

| 国　家 | 进口额 | 比上年增长 | 占进口总额的比重 |
|---|---|---|---|
| 新西兰 | 48.8 | 41.5 | 19 |
| 澳大利亚 | 43.4 | 21.1 | 16.9 |
| 美　国 | 29.2 | 0.9 | 11.4 |
| 巴　西 | 18.6 | −7.2 | 7.3 |
| 荷　兰 | 17.6 | 6.1 | 6.9 |

从新西兰进口 48.8 亿美元，比上年增长 41.5%，进口产品主要是乳品、羊产品、牛产品和动物毛，4 类产品合计占自新畜产品进口总额的 93.7%。其中，乳品进口量 94.9 万吨（奶粉 59.7 万吨，鲜奶 21 万吨），进口额 34 亿美元，分别增长 20.2% 和 56.3%；羊产品进口量 14.2 万吨，进口额 5.4 亿美元，分别增长 4%和 38.2%；牛产品进口量 9.2 万吨，进口额 3.6 亿美元，分别增长 4%和 11.6%；动物毛进口量 3.8 万吨，进口额 1.6 亿美元，分别下降 14.3% 和 27.5%。

从澳大利亚进口 43.4 亿美元，比上年增长 21.1%。进口产品主要为动物毛、牛产品、乳品、动物生皮和羊产品，5 类产品合计占自澳畜产品进口额的 97.3%。其中，羊毛进口量 18.3 万吨，进口额 20.3 亿美元，分别增长 7.3%和 24.6%；牛产品进口量 14.2 万吨，下降 1.2%，进口额 8 亿美元，增长 8.2%；乳品进口量 17.3 万吨，进口额 5.6 亿美元，分别增长 18.3% 和 23.2%；动物生皮进口量 34 万吨，下降 0.6%，进口额 5 亿美元，增长 0.6%；羊产品进口量 10.2 万吨，进口额 3.3 亿美元，分别增长 27.7%和 79.9%。

从美国进口 29.2 亿美元，比上年增长 0.9%。主要进口生猪产品、动物生皮和乳品，3 类产品进口额合计占自美畜产品进口总额的 88.6%。其中，生猪产品进口量 58.4 万吨（猪肉 16.6 万吨，猪杂碎 41.8 万吨），进口额 11.7 亿美元，分别下降 11.7% 和 13.3%；动物生皮进口量 41.5 万吨，进口额 9.2 亿美元，分别增长 5.5%和 2.5%；乳品进口量 34.3 万吨，进口额 5.0 亿美元，分别增长 9.0%和 48.7%。

**3. 价格变动**

2017 年，一般贸易方式下（以下价格均为一般贸易方式下的价格），加工猪肉、加工牛肉、羊肉、加工家禽、羊毛、肠衣和羽毛出口价格，以及牛肉、牛杂碎、羊肉、禽肉及杂碎、鲜奶、奶粉、乳清粉、羊毛和生羊皮进口价格上涨，其他主要畜产品进口或出口价格均下跌（表 43）。

## 表 43 2017 年中国主要畜产品一般贸易方式进出口价格

单位：美元/吨、%

| 出口 | | | 进口 | | |
| --- | --- | --- | --- | --- | --- |
| 产品 | 平均价格 | 比上年上涨 | 产品 | 平均价格 | 比上年上涨 |
| 活猪 | 2 643 | −14.2 | 猪肉 | 1 821 | −7.6 |
| 猪肉 | 5 082 | −3.0 | 猪杂碎 | 1 676 | −4.7 |
| 加工猪肉 | 4 165 | 0.2 | 牛肉 | 4 506 | 1.4 |
| 牛肉 | 9 403 | −8.8 | 牛杂碎 | 3 596 | 5.5 |
| 加工牛肉 | 7 730 | 18.4 | 羊肉 | 3 520 | 41.0 |
| 羊肉 | 8 882 | 1.1 | 禽肉及杂碎 | 2 282 | 5.3 |
| 禽肉及杂碎 | 2 317 | −2.0 | 鲜奶 | 1 363 | 28.1 |
| 加工家禽 | 4 163 | 0.2 | 奶粉 | 5 911 | 12.4 |
| 鲜蛋 | 1 375 | −9.3 | 乳清粉 | 1 198 | 41.8 |
| 羊毛 | 3 380 | 2.6 | 羊毛 | 7 531 | 5.9 |
| 肠衣 | 23 207 | 15.8 | 生牛马皮 | 1 906 | −1.7 |
| 羽毛 | 11 549 | 18.2 | 牛羊皮 | 1 159 | 4.2 |

（1）生猪产品。出口活猪平均每吨2 643美元，比上年下跌14.2%；猪肉每吨5 082美元，下跌3%；加工猪肉每吨4 165美元，上涨0.2%。进口猪肉平均每吨1 821美元，下降7.6%；猪杂碎每吨1 676美元，下降4.7%。

（2）牛产品。出口牛肉平均每吨9 403美元，比上年下跌8.8%；加工牛肉每吨7 730美元，上涨18.4%。进口牛肉每吨4 506美元，上涨1.4%；牛杂碎每吨3 596美元，上涨5.5%。

（3）羊产品。出口羊肉平均每吨8 882美元，上涨1.1%。进口羊肉每吨3 520美元，上涨41%。

（4）家禽产品。出口禽肉及杂碎平均每吨2 317美元，下跌2%；加工家禽每吨4 163美元，上涨0.2%。进口禽肉及杂碎每吨2 282美元，上涨5.3%。

（5）蛋产品。出口鲜蛋平均每吨1 375美元，比上年下跌9.3%。

（6）乳制品。进口鲜奶平均每吨1 363美元，比上年上涨28.1%；奶粉平均每吨5 911美元，上涨12.4%；乳清粉每吨1 198美元，上涨41.8%。

（7）动物毛。出口羊毛平均每吨3 380美元，比上年增长2.6%。进口羊毛每吨7 531美元，上涨5.9%。

（8）动物生皮。进口生牛马皮平均每吨1 906美元，下跌1.7 %；生羊皮每吨1 159美元，上涨4.2%。

（二）影响因素

**1. 国内猪肉产量增加价格下降，进口量减少**

2017 年我国猪肉产量 5 340 万吨，较上年增长 0.8%。过去两年猪肉价格持续上涨，推动生猪养殖规模扩大，猪肉市场供应量增加。2017 年猪肉价格持续回落，平均价格较上年下降 12.5%，国内外价差缩小，进口量下降。

**2. 牛肉市场进一步开放，进口量增加**

2017 年中国牛肉市场对外进一步开放，美国、南非、乌克兰、白俄罗斯牛肉获准进入中国市场，进口准入国已达 14 个。牛肉进口市场进一步开放，以及打击走私力度加大和国内外价差大等因素共同作用，导致牛肉进口量增加。

**3. 羊肉价格持续上涨，进口量增加**

2015 年下半年以来羊肉价格持续下跌，肉羊养殖积极性受挫，供给偏紧，推动国内羊肉价格在 2017 年下半年开始持续上涨，年底达 60 元/千克，较年初上涨 8.4%，为近 30 个月的最高点，促使羊肉进口量增加。

**4. 禽肉进口监管加强，进口量下降**

2017 年 3 月巴西“黑心肉”丑闻曝光后，世界多国采取紧急措施，停止从巴西进口肉类。中国政府曾短暂暂停了从巴西的肉类进口，解除禁止措施后加强了对自巴西进口肉类的监管。2017 年 8 月 18 日，商务部发布关于对原产于巴西的进口白羽肉鸡产品进行反倾销立案调查的公告。受多方面因素影响，2017 年中国从巴西进口家禽产品大幅下降，进口量 38.2 万吨，较上年减少 10.5 万吨。

**5. 牛奶产量下降，鲜奶和奶粉进口增加**

2017 年我国牛奶产量 3 545 万吨，比上年下降 1.6%，连续两年下降。受国内牛奶产量下降、消费增长等因素影响，奶粉和鲜奶进口量较上年分别增长 22.9%和 5.3%。

## 水产品

（一）贸易概况

2017 年，中国水产品贸易总额比上年增长 7.9%，总量增长 11.6%。其中，出口额 211.5 亿美元，增长 2%，出口量 433.9 万吨，增长 2.4%；进口额 113.5 亿美元，增长 21%，进口量 489.7 万吨，增长 21.2%。贸易顺差 98 亿美元，同比减少 15.6 亿美元。

**1. 产品结构**

（1）出口产品

国内自产资源出口水产品中，头足类（墨鱼、鱿鱼、章鱼）、对虾、贝类、罗非鱼和蟹类等养殖捕捞水产品仍是一般贸易主要出口品种，出口额占一般贸易出口总额的 55.4%。其中，头足类、对虾、罗非鱼和蟹类出口量额齐增，贝类出口量额双降（表 44）。

来进料加工及来料加工装配贸易出口量减额增。其中，出口额 52.6 亿美元，比上年增长 2.8%，占水产品出口总额的

24.9%，比上年下降0.2个百分点；出口量108.1万吨，比上年下降2.9%。来料加工出口量下降较多，进料加工出口额增长较多。

表 44 2017年中国自产资源水产品一般贸易主要出口品种

单位：万吨、亿美元、%

| 出口品种 | 占水产品一般贸易出口额的比重 | 2017年 | | 比上年增长 | |
|---|---|---|---|---|---|
| | | 数　量 | 金　额 | 数　量 | 金　额 |
| 头足类 | 21.1 | 49.9 | 33.1 | 5.6 | 6.2 |
| 对　虾 | 12.2 | 16.3 | 19.1 | 4.6 | 8.4 |
| 贝　类 | 8.4 | 23.5 | 13.2 | −10.7 | −7.6 |
| 罗非鱼 | 7.9 | 40.8 | 12.4 | 3.5 | 1.2 |
| 蟹　类 | 5.7 | 6.5 | 9.0 | 3.7 | 3.5 |

（2）进口产品

水产品进口额113.5亿美元，比上年增长21%；进口量489.7万吨，增长21.2%。主要分为一般贸易方式进口（主要供国内食用）、来进料加工原料、来料加工装配贸易进口产品。其中，一般贸易方式进口额64.7亿美元，进口量256.6万吨，分别增长28.1%和38.8%。来进料加工原料进口额18.3亿美元，增长7.9%；进口量83.5万吨，下降5.4%。来料加工装配贸易进口额6.6亿美元、进口量21.3万吨，分别增长14.3%和下降3.3%（表45）。

表 45 2017年中国水产品主要贸易方式

单位：万吨、亿美元、%

| 贸易方式 | 出　口 | | | | 进　口 | | | |
|---|---|---|---|---|---|---|---|---|
| | 出口量 | 比上年增长 | 出口额 | 比上年增长 | 进口量 | 比上年增长 | 进口额 | 比上年增长 |
| 合　计 | 433.9 | 2.4 | 211.5 | 2.0 | 489.7 | 21.2 | 113.5 | 21.0 |
| 一般贸易 | 307.0 | 1.6 | 156.4 | 1.3 | 256.6 | 38.8 | 64.7 | 28.1 |
| 来进料加工 | 88.9 | −2.5 | 40.4 | 2.9 | 83.5 | −5.4 | 18.3 | 7.9 |
| 来料加工装配贸易 | 19.2 | −4.6 | 12.2 | 2.2 | 21.3 | −3.3 | 6.6 | 14.3 |

**2. 贸易区域**

（1）出口市场

日本、美国、东盟、欧盟和中国香港是中国水产品的主要出口目的地。2017年对东盟出口额略降，其中对泰国出口量额分别减少29.2%和24.8%，主要是贝类、鲜冷冻鱼类等出口下降；对印度尼西亚出口量额分别增长92.5%和82%，主要是鲭鱼出口大幅增长。对中国香港出口量额分别下降13.8%和7.8%，主要是活鱼、头足类等出口量额大幅下降。对韩国出口量额分别下降9.7%和3.6%，主要是鲜冷冻鱼类出口量额大幅下降。

（2）进口来源地

俄罗斯、美国、秘鲁、东盟和加拿大是中国水产品的主要进口来源地，2017年从上述市场进口额均不同程度增长（表46）。其中，从秘鲁进口量额比上年分别增长96.5%和78.4%，主要是饲料用鱼粉进口量额大增，占从秘鲁水产品进口总额的86%。

**表46 2017年中国水产品主要出口市场和进口来源地**

单位：亿美元、%

| 出口 | | | 进口 | | | 占水产品进出口额比重 | |
|---|---|---|---|---|---|---|---|
| 市场 | 金额 | 比上年增长 | 来源地 | 金额 | 比上年增长 | 出口 | 进口 |
| 日本 | 38.5 | 3.9 | 俄罗斯 | 15.5 | 2.8 | 18.2 | 13.7 |
| 美国 | 32.2 | 5.9 | 美国 | 15.1 | 21.3 | 15.2 | 13.3 |
| 东盟 | 27.3 | −2.8 | 秘鲁 | 14.9 | 78.4 | 12.9 | 13.2 |
| 欧盟 | 23.7 | 2.3 | 东盟 | 14.3 | 13.7 | 11.2 | 12.6 |
| 中国香港 | 18.6 | −7.8 | 加拿大 | 7.5 | 22.6 | 8.8 | 6.6 |

**3. 价格变动**

全年水产品综合出口平均价格每吨4 873.6美元，比上年下跌0.4%；一般贸易方式出口平均价格每吨5 094.8美元，下跌0.3%。

主要品种一般贸易出口平均价格有涨有跌。其中，头足类上涨0.5%，对虾上涨3.6%，贝类上涨3.4%，大黄鱼上涨4.1%。罗非鱼下跌2.2%，蟹类下跌0.2%，鳗鱼下跌3.5%，鲭鱼下跌0.1%。

进口水产品综合平均价格每吨2 315美元，比上年增长0.1%。一般贸易方式进口平均价格每吨2 523.1美元，下降7.7%，来进料加工原料进口平均价格每吨2 370.8美元，上涨15.3%。

## （二）影响因素

**1. 关税下降一定程度上拉动了进口增长**

2017年1月1日起，中国对822项进口商品实行较低的暂定税率，其中包括60项农产品，涉及水产品、园艺产品、动物产品和加工食品。2017年11月，财政部公布了《国务院关税税则委员会关于调整部分消费品进口关税的通知》，规定降低包括8个水产品品种在内的部分消费品关税，自2017年12月1日开始正式降税。冻大西洋鲑鱼及多瑙哲罗鱼、冻毛鳞鱼（但食用杂碎外）、其他冻蟹三类商品关税税率由原来的10%降至5%；冻的北方长额虾、冻其他小虾两类商品由原来的5%降至2%；其他活鲜冷的蟹和活鲜冷的其他鲍鱼两类商品均由

14%降至7%；降税幅度最大是活鲜冷的其他礁岩虾和其他龙虾，关税由15%降为5%。

**2. 渔业企业结构调整和动力转换加快，外贸竞争力提高**

2017年，随着渔业供给侧结构性改革深入，一大批企业从供给侧发力，坚持创新驱动，加快转动能、调结构，着力培育以技术、品牌、质量、服务、标准为核心的外贸竞争新优势，产品附加值和品牌影响力进一步提升。水产品精深加工比例明显提高，高附加值产品出口量额保持较快增长，同比分别增加6.1%和13.1%，有力促进了水产品的出口增长。

# 分地区农产品贸易

## 区域农产品贸易

2017年，中国农产品贸易仍以东部地区为主，西部地区位列第二。东部地区农产品出口额503亿美元，占全国农产品出口总额的66.6%，比上年下降1.2个百分点；进口额1 022.4亿美元，占81.2%，比上年提高

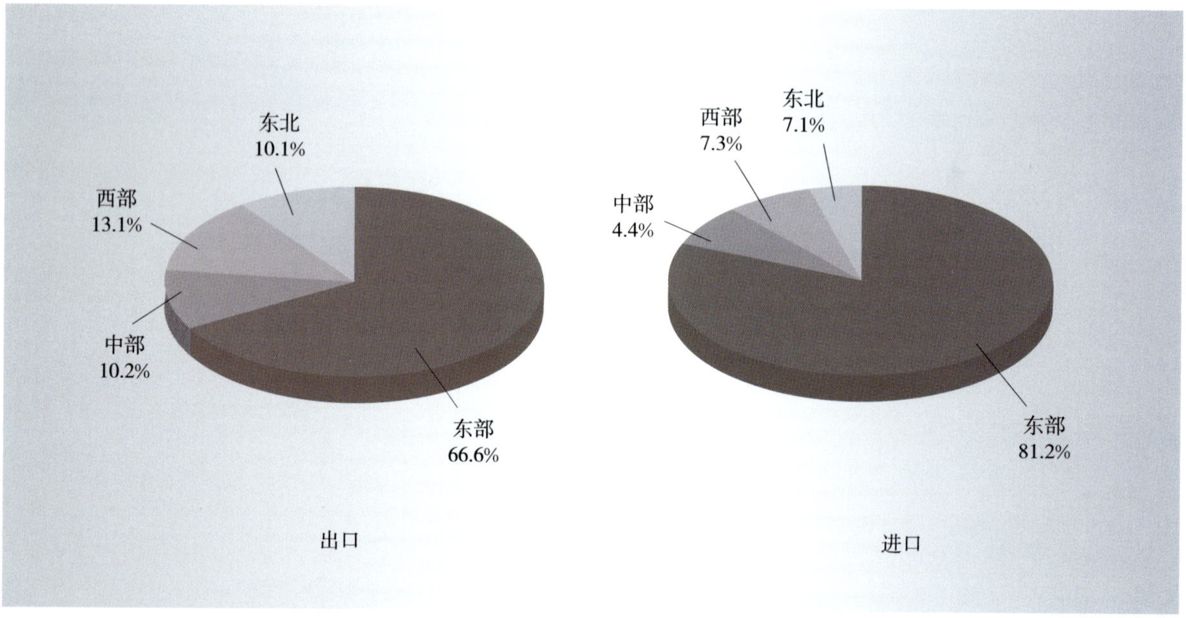


图20 2017年中国各区域农产品贸易比重

注：东部地区包括7个省和3个直辖市，分别为河北、山东、江苏、浙江、福建、广东、海南、天津、北京、上海；中部地区包括6省，分别为山西、河南、安徽、湖北、湖南、江西；西部地区包括6个省和5个自治区1个直辖市，分别为陕西、甘肃、青海、四川、云南、贵州、新疆、宁夏、西藏、广西、内蒙古、重庆；东北地区包括3省，分别为辽宁、吉林、黑龙江。

0.3个百分点。中部地区出口额77亿美元，占10.2%，比上年提高0.8个百分点；进口额55.2亿美元，占4.4%，下降0.1个百分点。西部地区出口额99.1亿美元，占13.1%，比上年下降0.1个百分点；进口额92.1亿美元，占7.3%，提高0.7个百分点。东北地区出口额76.2亿美元，占10.1%，比上年提高0.6个百分点；进口额88.8亿美元，占7.1%，比上年降低0.3个百分点（图20）。

东部地区前五大出口农产品分别为水产品、蔬菜、畜产品、水果和饮品，出口额分别占全国同类产品出口总额的81.5%、63.2%、66%、47%和65.2%。其中，畜产品占比比上年提高0.4个百分点；水产品占比与上年持平；其余三类产品占比均下降。东部地区前五大进口产品分别为油籽、畜产品、水产品、植物油和饮品，除油籽和水产品外其他产品进口额占全国同类产品进口总额的比重均接近或超过85%。其中，油籽、水产品、植物油和饮品占比分别比上年提高0.5个、1.3个、2个和0.5个百分点，畜产品占比降低2个百分点。

中部地区前五大出口农产品中，蔬菜、水果和饮品出口额占全国同类产品出口总额比重比上年分别提高2.4个、1.6个和2.2个百分点，畜产品和水产品出口额占比分别下降0.3个和0.5个百分点。前五大进口农产品中，畜产品、棉麻丝和水产品进口额占比比上年增加，油籽和谷物占比下降。

西部地区前五大出口农产品中，蔬菜、饮品和油籽出口额占全国同类产品出口总额比重比上年分别提高了0.5个、0.1个和0.5个百分点，水果和水产品占比分别降低了1.5个和0.5个百分点。前五大进口农产品中，油籽、畜产品和植物油进口额占全国同类产品进口总额比重比上年均有所增加，谷物和水果占比下降。

东北地区前五大出口农产品中，水产品、畜产品和谷物出口额占全国同类产品出口总额比重比上年分别提高0.9个、0.6个和7.9个百分点，坚果和蔬菜占比下降，分别降低5.9个和0.1个百分点。前五大进口农产品中，除畜产品、糖料及糖外，油籽、水产品和水果进口额占全国同类产品进口总额比重比上年均有所下降（表47）。

各地区农产品贸易均以一般贸易为主，进料加工贸易、来料加工贸易、边境小额贸易、保税区仓储转口货物和保税区仓库进出境货物等方式较少（表48）。

## 表47 2017年中国各区域主要农产品进出口情况

单位：亿美元、%

| 地区 | 出口 | | | | 进口 | | | |
|---|---|---|---|---|---|---|---|---|
| | 产品 | 总额 | 比上年增长 | 占中国同类产品出口额比重 | 产品 | 总额 | 比上年增长 | 占中国同类产品进口额比重 |
| 东部地区 | 农产品 | 503.0 | 1.6 | 66.6 | 农产品 | 1022.4 | 12.4 | 81.2 |
| | 水产品 | 172.4 | 2.0 | 81.5 | 油籽 | 320.8 | 17.0 | 74.5 |
| | 蔬菜 | 98.1 | 1.1 | 63.2 | 畜产品 | 216.8 | 6.9 | 84.6 |
| | 畜产品 | 41.9 | 13.4 | 66.0 | 水产品 | 86.1 | 23.1 | 75.9 |
| | 水果 | 33.2 | −1.2 | 47.0 | 植物油 | 67.5 | 14.6 | 94.1 |
| | 饮品 | 31.0 | −12.4 | 65.2 | 饮品 | 62.4 | 3.2 | 95.1 |
| 中部地区 | 农产品 | 77.0 | 12.6 | 10.2 | 农产品 | 55.2 | 9.2 | 4.4 |
| | 蔬菜 | 31.1 | 19.5 | 20.1 | 油籽 | 20.8 | −5.6 | 4.8 |
| | 畜产品 | 13.1 | 11.1 | 20.6 | 畜产品 | 14.5 | 31.3 | 5.7 |
| | 水果 | 7.0 | 18.1 | 9.9 | 谷物 | 4.5 | −1.2 | 6.9 |
| | 饮品 | 6.3 | 10.0 | 13.3 | 棉麻丝 | 2.9 | 72.9 | 9.6 |
| | 水产品 | 4.3 | −16.6 | 2.0 | 水产品 | 1.3 | 37.3 | 1.1 |
| 西部地区 | 农产品 | 99.1 | 2.4 | 13.1 | 农产品 | 92.1 | 24.1 | 7.3 |
| | 水果 | 27.1 | −4.6 | 38.2 | 油籽 | 56.0 | 32.7 | 13.0 |
| | 蔬菜 | 21.5 | 8.8 | 13.9 | 畜产品 | 9.5 | 23.0 | 3.7 |
| | 饮品 | 9.0 | −7.4 | 18.9 | 谷物 | 5.5 | −4.9 | 8.4 |
| | 油籽 | 3.8 | 17.5 | 21.7 | 植物油 | 2.6 | 61.9 | 3.6 |
| | 水产品 | 3.5 | −23.1 | 1.6 | 水果 | 2.6 | 2.8 | 4.1 |
| 东北地区 | 农产品 | 76.2 | 9.5 | 10.1 | 农产品 | 88.8 | 8.8 | 7.1 |
| | 水产品 | 31.3 | 9.0 | 14.8 | 油籽 | 33.0 | 2.1 | 7.7 |
| | 畜产品 | 5.2 | 21.3 | 8.1 | 水产品 | 24.1 | 15.4 | 21.2 |
| | 坚果 | 4.9 | −12.2 | 41.3 | 畜产品 | 15.3 | 23.5 | 6.0 |
| | 谷物 | 4.7 | 82.6 | 58.6 | 糖料及糖 | 3.0 | 18.3 | 20.0 |
| | 蔬菜 | 4.5 | 3.4 | 2.9 | 水果 | 2.8 | −2.4 | 4.5 |

**表 48　2017 年中国各区域农产品贸易方式结构**

单位：亿美元

| 贸易方式 | 东部 | | 中部 | | 西部 | | 东北 | |
|---|---|---|---|---|---|---|---|---|
| | 出口额 | 进口额 | 出口额 | 进口额 | 出口额 | 进口额 | 出口额 | 进口额 |
| 合　计 | 503.0 | 1 022.4 | 77.0 | 55.2 | 99.1 | 92.1 | 76.2 | 88.8 |
| 一般贸易 | 414.7 | 865.1 | 72.2 | 50.0 | 89.0 | 83.7 | 48.3 | 46.2 |
| 进料加工 | 49.3 | 41.7 | 1.7 | 3.3 | 0.9 | 1.6 | 19.8 | 5.8 |
| 来料加工 | 13.6 | 10.4 | 0.9 | 0.5 | 0.02 | 0.2 | 2.4 | 0.6 |
| 保税区仓储转口货物 | 11.0 | 66.7 | 0.3 | 0.2 | 0.2 | 0.4 | 1.7 | 26.0 |
| 边境小额 | 10.5 | 3.1 | 1.8 | 0.1 | 8.8 | 3.9 | 3.2 | 2.9 |

## 省份农产品贸易

### (一) 贸易规模变化

2017 年，农产品贸易额超过 50 亿美元的省（自治区、直辖市）有 11 个，比上年增加 1 个，分别为山东、广东、江苏、上海、福建、辽宁、浙江、天津、广西、河北和云南，合计占全国农产品贸易总额的 84.9%。农产品贸易额在 10 亿—50 亿美元及 10 亿美元以下的省（自治区、直辖市）分别有 11 个和 9 个，贸易额分别占全国的 12.9% 和 2.2%（图 21）。

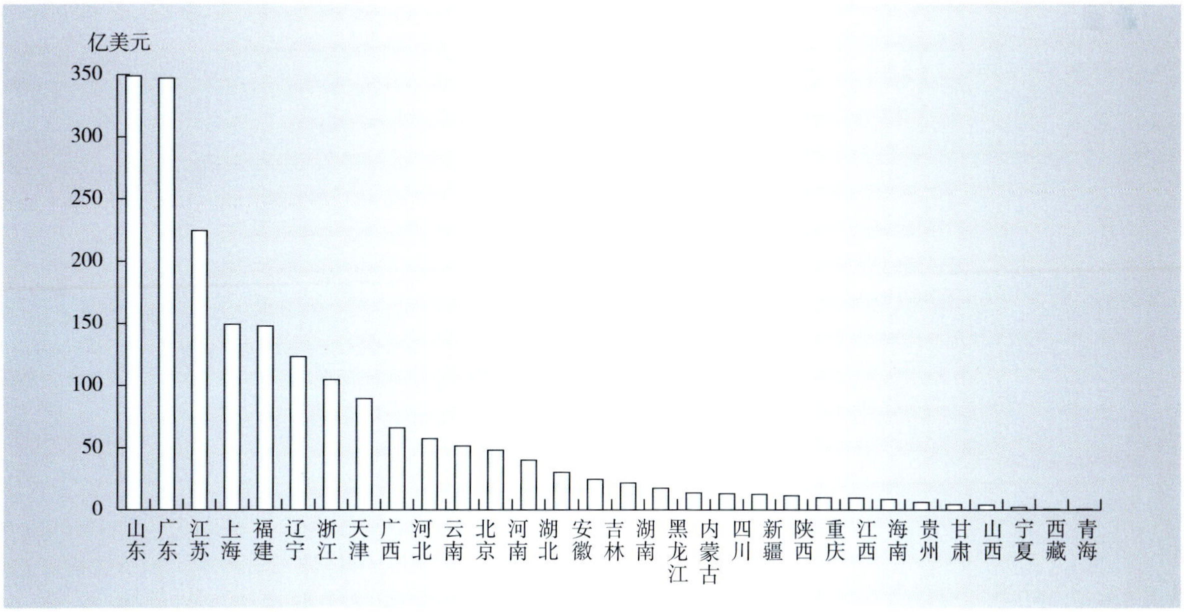


图 21　2017 年中国各省（自治区、直辖市）农产品贸易额

农产品出口额居前五位的省依次是山东、广东、福建、辽宁和浙江，与上年相比，辽宁由第五位升至第四位。5省出口额均在45亿美元以上，合计占全国出口总额的61.8%。进口额居前五位的依次是广东、江苏、山东、上海和天津，排位与上年相同。5省（直辖市）进口额合计占全国进口总额的65.2%。

28省（自治区、直辖市）农产品贸易额比上年增长，分别为青海、四川、陕西、湖南、江苏、河北、重庆、广西、贵州、新疆、上海、湖北、海南、北京、浙江、河南、黑龙江、宁夏、辽宁、福建、安徽、山东、甘肃、吉林、江西、广东、云南和天津。其中，青海增幅最大，为90.4%；13个省（自治区、直辖市）增幅在10%—30%之间。3个省（自治区）贸易额比上年下降，其中西藏下降20.6%，山西下降8.6%，内蒙古下降0.6%（图22）。

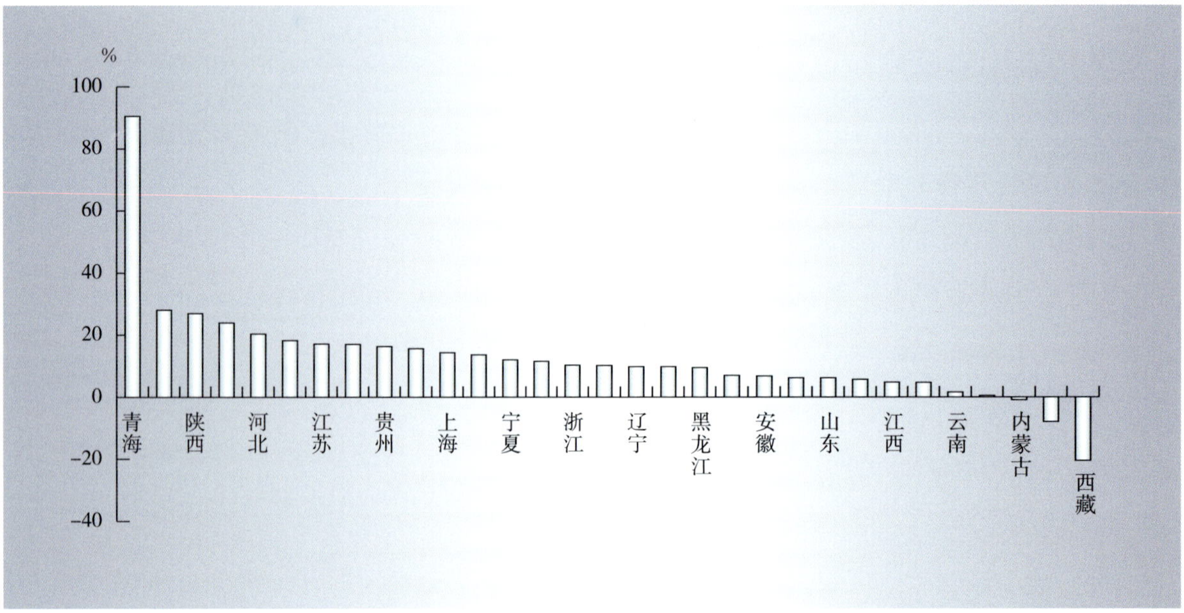


图22 2017年中国各省（自治区、直辖市）农产品贸易额增速

24省（自治区、直辖市）农产品出口额比上年增长，分别为山西、青海、宁夏、贵州、陕西、湖南、湖北、四川、河南、安徽、辽宁、内蒙古、新疆、江西、北京、吉林、海南、山东、黑龙江、江苏、浙江、河北、上海和甘肃。其中，山西增幅最大，为38%。其他7省（自治区、直辖市）出口额均下降，其中西藏和重庆降幅分别为21.2%和17.7%。

27省（自治区、直辖市）农产品进口额均比上年增长，只有西藏、内蒙古、宁夏和山西进口额下降，其中山西降幅达到61%。

### （二）分类农产品的主要出口省份

#### 1. 水产品

出口额超过1亿美元的省（自治区、

直辖市）有13个，比上年增加1个。前五位分别是福建、山东、广东、辽宁和浙江，5省出口额均超过18亿美元，合计出口189.6亿美元，占全国水产品出口总额的89.6%。其中，福建出口额58.2亿美元，占全国的27.5%。13省（自治区、直辖市）中，出口额比上年增长的有8个，分别为上海、辽宁、吉林、广东、江苏、山东、海南和浙江。其中，上海增幅最大，为26%。

墨鱼及鱿鱼。出口额超过1亿美元的有福建、山东、浙江、广东和辽宁，5省出口额合计29.2亿美元，占全国同类产品出口总额的95.4%。其中，山东、浙江和辽宁3省出口额比上年增长，浙江增幅最大，为65.4%，跃居出口额第三位；福建和广东出口额下降。

鳕鱼。以山东和辽宁为主，2省合计出口18.4亿美元，占全国鳕鱼出口总额的98.2%。其中，山东出口额比上年下降，为11亿美元，占58.9%。

对虾。广东和福建居出口前两位，合计出口12.7亿美元，占全国对虾出口总额的82.7%。其中，广东出口额9.5亿美元，比上年增长30.2%，占全国的62.1%。

罗非鱼。出口主要集中在广东、海南和福建，3省出口额合计11.6亿美元，占全国罗非鱼出口总额的93.5%。其中，广东出口额7.5亿美元，比上年增长9.4%。

鳗鱼。以福建、广东和江西为主，3省出口额合计7.8亿美元，占全国鳗鱼出口总额的87.5%。除福建外，其余2省出口额均比上年下降。

**2. 蔬菜**

出口额超过1亿美元的省（自治区、直辖市）有16个，比上年减少1个。山东、河南、云南、福建和湖北居前五位，5省出口额合计115亿美元，占全国蔬菜出口总额的74.1%。其中，山东占全国的39.7%。16省（自治区、直辖市）中，湖南、湖北、黑龙江、云南、安徽、河南、山东、浙江、甘肃、河北和天津11个省（直辖市）出口比上年增长。增幅前三位的是湖南（42.6%）、湖北（25.7%）和黑龙江（24.1%）。

鲜或冷藏的蒜头。山东、江苏和河南位居出口额前三位，3省合计占全国同类产品出口总额的97.9%。其中，山东出口14.6亿美元，比上年下降19.1%，占全国的72.4%。

干香菇。湖北、河南和福建位居出口额前三位，合计出口18.3亿美元，占全国干香菇出口总额的91.9%。与上年相比，3省出口额均继续增长。其中，湖北增长39.1%，河南增长34.7%，福建增长15.2%。

番茄酱罐头。新疆和天津位居出口额前两位，合计占全国的69.4%。其中，新疆出口2.7亿美元，比上年下降13.2%。

**3. 水果**

14个省（自治区）出口额超过1亿美元，与上年相同。出口额排名前五位的是山东、云南、福建、陕西和河北，5省出口额合计47.2亿美元，占全国水果出口总额的66.7%。14个省（自治区）中，7省（自治区）出口比上年增长，其中山西增长43.6%。

柑橘。出口额超1亿美元的有云南、福建、浙江和广西，4省（自治区）合计出口10亿美元，占全国的71.2%。其中，云南出口3.7亿美元，比上年下降23.9%，占全国的26.6%；福建出口2.9亿美元，比上年下降19%；浙江下降5.2%；广西下降11.6%。

鲜苹果。山东、云南和陕西出口均超过1亿美元。山东出口额6.5亿美元，与上年持平，占全国的44.4%。云南出口额2.1亿美元，比上年增长2.6%。陕西出口额1.9亿美元，下降2.1%。

鲜葡萄。以云南为主，出口额5.5亿美元，比上年下降2.3%，占全国出口总额的74.7%。

**4. 畜产品**

出口额超过1亿美元的省（自治区、直辖市）有12个，与上年相同。前五位是山东、广东、江苏、浙江和湖南，出口额合计38.6亿美元，占全国畜产品出口总额的60.8%。12个省（直辖市）中，除湖北下降1.3%外，其余出口额均比上年增长。增幅排名前三位的依次是安徽（30.4%），江苏（22.9%）和浙江（22%）。

禽产品（家禽类）。山东、广东和辽宁出口额均超过1亿美元，3省合计出口13.5亿美元，占全国家禽产品出口总额的80.8%。其中，山东出口额7.1亿美元，比上年增长14.5%；广东增长4%；辽宁增长26.7%。

生猪产品。出口额超过1亿美元的有广东、湖南、山东和河南，4省合计出口7.8亿美元，占全国生猪产品出口总额的67.5%。与上年相比，广东下降10.2%，河南下降19.5%，湖南增长11.8%，山东增长8.3%。

肠衣。江苏、上海和河北居出口前三位，出口额均超过1亿美元，3省（直辖市）出口额合计8.9亿美元，占全国肠衣出口总额的66.2%。与上年相比，3省（直辖市）出口额增幅均超过20%，其中河北增幅38.3%。

**5. 饮品类**

出口额超过1亿美元的省（自治区、直辖市）有11个，比上年增加1个。广东和浙江居前两位，2省出口额合计22.7亿美元，占全国饮品类出口总额的47.7%。与上年相比，11个省（直辖市）中，6个出口额增长，增幅居前三位的依次是山东（17.1%）、湖北（12.5%）和贵州（11.4%）。

绿茶。浙江、安徽和湖北居出口额前三位，3省出口额合计8.2亿美元，占全国出口总额的72.4%。其中，浙江出口额4.8亿美元，比上年增长4.2%，占全国出口总额的42%；安徽出口额2.4亿美元，增长3.7%，占全国的21.2%；湖北出口额达到1亿美元，比上年增长6.5%。

无醇饮料。以广东为主，出口额7.5亿美元，比上年增长6.3%，占全国出口总额的84.3%。

6. **粮食制品**

出口额超过 1 亿美元的省有广东、山东、江苏、辽宁和福建，合计出口 14.1 亿美元，占全国粮食制品出口总额的 73.6%。除广东和福建外，其余 3 省出口均比上年增长，其中辽宁增幅最大，为 5.1%。

面食。以山东和广东为主，两省出口额合计 4.8 亿美元，占全国的 55.2%。山东出口额 2.8 亿美元，比上年增长 6.8%；广东下降 0.8%。

### （三）分类农产品的主要进口省份

1. **油籽**

进口额超过 1 亿美元的省（自治区、直辖市）有 21 个，与上年持平。居前五位的是江苏、山东、广东、广西和辽宁，5 省（自治区）进口额均超过 25 亿美元，合计 303.3 亿美元，占全国油籽进口总额的 70.4%；进口量合计 7 197.1 万吨，占全国的 70.5%。与上年相比，21 省（自治区、直辖市）中，安徽、天津和浙江进口量额下降，其余均增长。

大豆。进口额超过 10 亿美元的省（自治区、直辖市）有 8 个，合计进口额 347.2 亿美元，占全国大豆进口总额的 87.6%；合计进口量 8 351.9 万吨，占全国大豆进口总量的 87.4%。江苏、山东、广东、广西和河北居进口前五位，5 省（自治区）进口额均超过 25 亿美元，合计占全国的 71.5%；5 省（自治区）进口量均超过 600 万吨，合计占全国进口总量的 71.2%。与上年相比，8 省（自治区、直辖市）进口量额均增长，其中增幅居前三位的依次为河北（44.9%），江苏（31.7%）和广西（26.9%）。

2. **畜产品**

进口额超过 1 亿美元的省（自治区、直辖市）有 17 个，比上年增加 1 个。居前五位的依次为广东、上海、天津、江苏和浙江，合计进口 173.6 亿美元，占全国畜产品进口总额的七成。与上年相比，除内蒙古、天津和山东外，其余 14 个省（自治区、直辖市）进口额均增长，增幅居前三位的依次为重庆（79.1%）、湖南（70.8%）和黑龙江（56.9%）。

乳制品。位居进口额前三位的是广东、上海和浙江，合计进口 55.4 亿美元，占全国乳制品进口总额的 62.3%。天津、北京、福建、山东、重庆、江苏、湖南、辽宁和内蒙古进口额均超过 1 亿美元。与上年相比，上述 12 个省（自治区、直辖市）进口额均增长，其中福建增幅近 200%，湖南和重庆增幅均超 80%。

生猪产品。进口额超过 1 亿美元的省（自治区、直辖市）有 8 个，比上年减少 1 个。广东、天津和上海居进口额前三位，进口额合计 31.2 亿美元，占全国同类产品进口总额的 70.9%。与上年相比，8 个省（自治区、直辖市）中除安徽和辽宁外其余进口额均下降。居降幅前三位的依次为山东（50.4%）、天津（35.9%）和江苏（24.2%）。

牛产品。进口以天津和上海为主，二者合计进口 20.1 亿美元，占全国同类产品进口总额的 59.8%。进口额超过 1 亿美元的还有江苏、山东、辽宁、北京和广东。与上年相比，上述7个省（直辖市）中除广东外其余进口额均增长，其中山东增幅最大，为47.3%。

动物毛。进口以江苏为主，进口额18.6亿美元，占全国同类产品进口总额的64.3%。进口额超过1亿美元的还有浙江、山东和北京。与上年相比，除山东外浙江、江苏和北京的进口额均增长，增幅分别为28.4%、17.8%和7.1%。

**3. 水产品**

进口额超过1亿美元的省（直辖市）有10个，与上年持平。山东、辽宁、广东、上海和福建进口额均超过10亿美元，5省（直辖市）合计进口94.1亿美元，占全国水产品进口总额的83%。与上年相比，10省（直辖市）中除天津进口额下降18.9%外，其余进口额均增长，其中江苏增幅最大，为88.7%。

饲料用鱼粉。广东、福建和上海居进口额前三位，合计进口17.7亿美元，占全国的80%。辽宁进口额也超过1亿美元。4省（直辖市）进口额均比上年增长，其中上海增长1.2倍。

鳕鱼。以山东和辽宁为主，两省合计进口15.9亿美元，占全国鳕鱼总进口的96.7%。其中山东进口8.7亿美元，占53.2%。与上年相比，山东增长2%，辽宁增长22.5%。

**4. 植物油**

进口额超过1亿美元的省（自治区、直辖市）有10个，比上年增加1个。江苏、广东和天津居前三位，合计进口45.8亿美元，占植物油进口总额的63.8%。与上年相比，10个省（自治区、直辖市）中，北京和上海进口额下降，其余进口额均增长，其中广西增幅最大，增长1倍。

棕榈油。居进口前三位的是江苏、广东和天津，进口额合计25.3亿美元，占全国棕榈油进口总额的72.3%。上海、广西、山东、福建和浙江进口额也超过1亿美元。与上年相比，上述8个省（自治区、直辖市）中除福建下降12.6%外，其他进口额均增长，其中广西增幅最大，为98.7%。

葵花油和红花油。江苏、天津和上海居进口前三位，进口额均超过1亿美元，进口额合计4.6亿美元，占全国同类产品进口总额的73.9%。与上年相比，江苏、天津和上海进口均下降，降幅依次为26.2%、8.9%和55.1%。

菜籽油。进口以江苏为主，进口额5.3亿美元，比上年增长24.5%，占全国菜籽油进口总额的83.8%。

**5. 饮品类**

进口额超过1亿美元的省（直辖市）有8个，较上年减少1个。上海和广东居前两位，二者合计进口41亿美元，占全国同类产品进口总额的62.4%。此外，进口额超过1亿美元的还有福建、浙江、北京、山东、天津和江苏。与上年相比，上述8个省（直辖市）中除北京和江苏外其余进口额均增长，增幅居前三位的依次为浙江（57.3%）、天津

（28.1%）和福建（27.7%）。

葡萄酒。进口以上海和广东为主，合计进口25.5亿美元，占全国同类产品进口总额的69.5%。与上年相比，上海和广东进口额分别增长41.8%和2.4%。

啤酒。福建、上海和广东居进口额前三位，合计进口5.5亿美元，占全国同类产品进口总额的73.5%。与上年相比，3省（直辖市）进口额分别增长29.9%、16.8%、31.3%。

咖啡。进口以上海为主，进口额1.2亿美元，比上年增长22.8%，占全国同类产品进口总额的46.8%。广东居次，进口额6485万美元，增长51.4%，占全国的24.8%。

## 部分省农产品贸易

根据各省贸易发展实际，选择山东、湖北、吉林和海南分别概要介绍其农产品贸易和贸易促进工作情况。

### （一）山东省

2017年，山东省农产品贸易总额348.9亿美元，比上年增长6.2%。其中，出口额185.5亿美元，增长5.1%，占全国农产品出口总额的24.6%，连续18年居全国首位；进口额163.4亿美元，增长7.4%。贸易顺差22.1亿美元。

蔬菜、水产品、水果、畜产品和油籽是主要出口产品。蔬菜出口61.6亿美元，比上年增长3.4%，其中，大蒜占42.7%，洋葱占6.7%，生姜占6.1%，辣椒占6.1%；水产品出口48.8亿美元，比上年增长4.1%，其中，贝类及软体动物占28.7%，鳕鱼占22.6%；水果出口17.1亿美元，比上年增长0.2%，其中，苹果占37.8%，葡萄占6.8%，梨占5.8%；畜产品出口10.8亿美元，比上年增长16.4%，其中，家禽产品占66%，生猪产品占12.8%；油籽出口9.7美元，比上年增长20.2%，其中90.9%是花生。

油籽、水产品、畜产品和棉麻丝居进口额前4位。此外，植物油、谷物、薯类、饮品类、干豆、粮食制品、水果和糖料及糖进口额均超过1亿美元。油籽进口83.2亿美元，比上年增长7.6%，95.9%是大豆；水产品进口27.1亿美元，增长9.7%，其中鳕鱼占32.2%；畜产品进口15亿美元，下降1.1%，其中，动物生皮占28.5%，乳制品占27.9%；棉麻丝进口11.6亿美元，增长26.2%，96.6%是棉花；植物油进口4.6亿美元，增长12.8%，其中，35.4%是棕榈油，22.3%是花生油，17.2%是豆油；谷物进口3.4亿美元，增长67.4%，其中，36.8%是玉米，34.2%是大麦，25.8%是小麦；薯类进口3.3亿美元，下降8.9%（图23）。

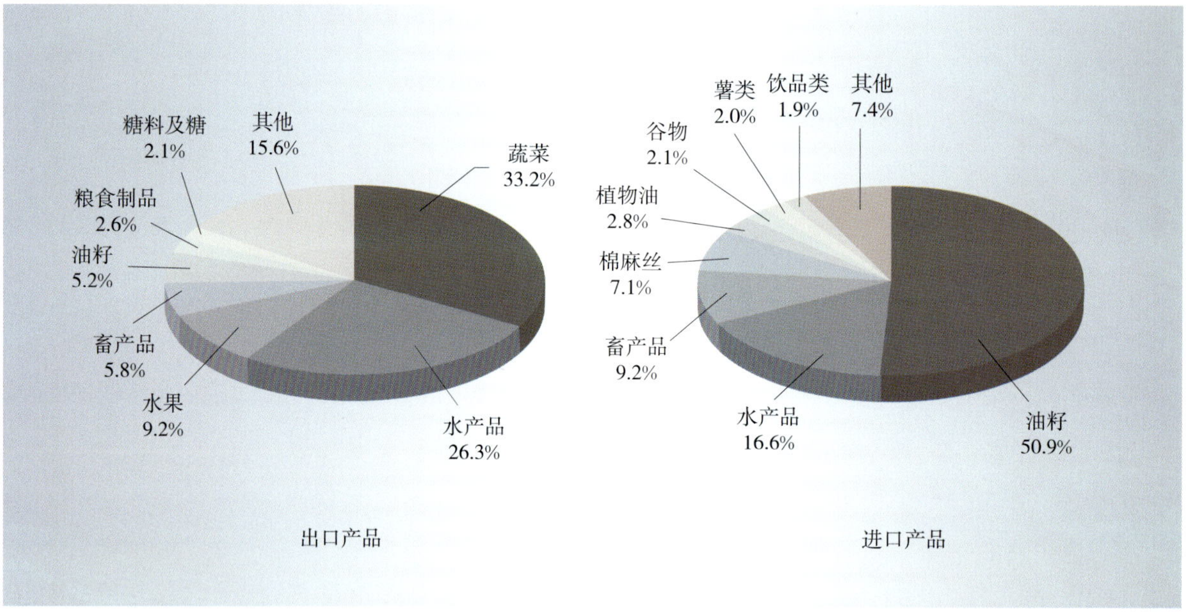


图 23 2017 年山东省进出口农产品结构

主要出口市场有日本、东盟、欧盟、美国和韩国。出口日本 43.7 亿美元，比上年增长 5.6%；出口东盟 33.8 亿美元，增长 7.1%，其中对越南出口居首，占对东盟出口的 29.1%；出口欧盟 27.7 亿美元，增长 5.3%，其中德国占 22.7%；出口美国 19.2 亿美元，增长 15%；出口韩国 18.6 亿美元，增长 7%。

美国、巴西和东盟是山东前三大进口来源地。自美国进口 46.9 亿美元，比上年下降 7%；自巴西进口 43.9 亿美元，增长 29.3%；自东盟进口 9.2 亿美元，增长 3.5%，其中从泰国进口占从东盟总进口的 45.6%（图 24）。

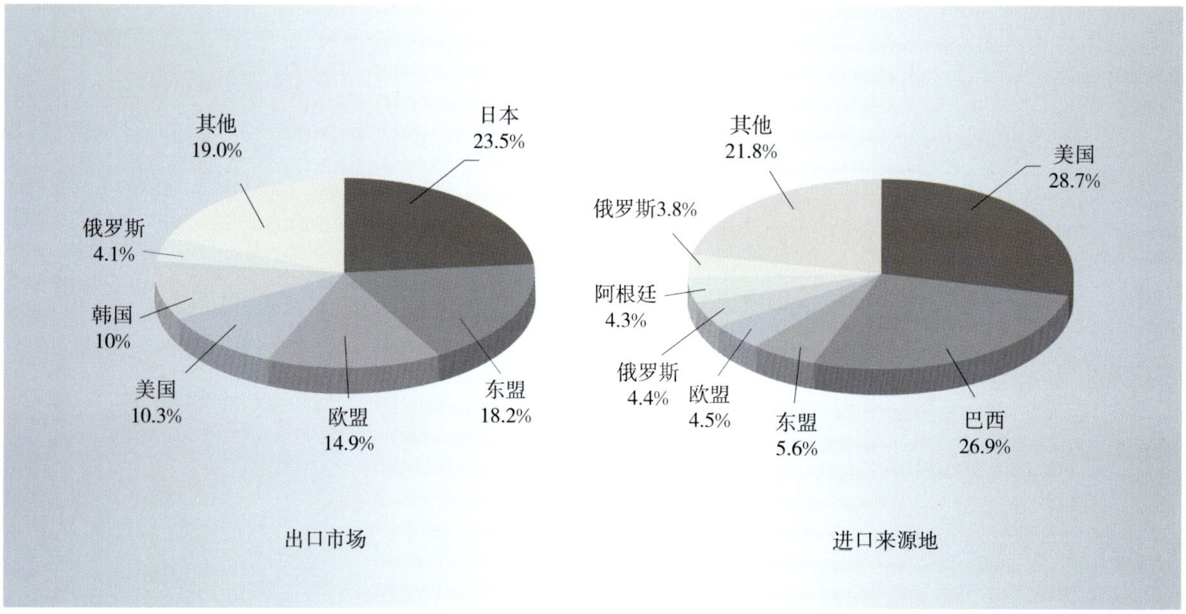


图 24 2017 年山东省农产品出口市场和进口来源地结构

2017年，山东省农产品出口企业4 497家，较上年增加310家。其中，出口额1 000万美元以上的企业416家，比上年增加15家，合计占全省农产品出口总额的63.2%；出口额5 000万美元以上的企业39家，与上年持平，合计占全省出口额的18.6%；出口额过亿美元的企业有6家，与上年持平，合计占全省出口额的6.1%。

山东省促进农产品出口的主要政策和措施：

（1）推进农产品品牌建设，提升品牌影响力。深入推进农业品牌建设，大力塑造“齐鲁灵秀地、品牌农产品”整体品牌形象，发布第二批区域公用品牌12个、企业产品品牌100个和品牌农产品体验店5家，组织实施品牌农产品电子商务平台建设，并正式上线运营。

（2）发挥项目带动作用，助推农产品出口产业转型升级。继续实施出口农产品质量安全产业集群建设项目，打造企业间协会组织、政府公共服务和示范生产基地建设三个平台，引导农产品出口产业发展，助推出口企业转型升级。

（3）加强出口市场监测预警，完善出口信息服务。抓好农产品出口监测系统建设，提高数据上报质量，编制月度、季度和年度贸易报告，供领导和有关部门参考。同时，对企业遇到的贸易壁垒、检验检疫、出口政策等问题，及时与商务、检验检疫和海关等部门沟通研讨。

（4）强化部门联动配合，推进出口农产品质量安全示范省建设。山东省农业厅密切与商务厅、出入境检验检疫局联系合作，围绕出口农产品质量安全示范省验收考评，就近十年农业系统全面提升农产品质量标准、强化农产品质量安全监管、提高市场竞争能力、巩固优势农产品出口领先地位的经验和做法进行了专题系统总结，山东成为全国首个“出口食品农产品质量安全示范省”。

（5）开拓农产品出口市场，组织企业参加外展外销。组团参加了英国、日本、印度和泰国的展会及相关经贸活动和中国—东盟博览会等，举办山东名优农产品精品推介会、洽谈会、品鉴交流会等系列活动。多措并举，加大国际市场开拓力度，取得良好成效。

**（二）湖北省**

2017年，湖北省农产品贸易总额30.1亿美元，比上年增长13.6%。其中，出口额19.8亿美元，增长13%；进口额10.3亿美元，增长14.8%。贸易顺差9.4亿美元。

蔬菜、水产品、畜产品、饮品和水果是主要出口农产品。蔬菜出口11.7亿美元，比上年增长25.7%，占全省农产品出口总额的59.3%，其中蘑菇出口额占79%；水产品出口1.7亿美元，比上年下降24.9%，其中小龙虾出口额占83.1%；畜产品出口1.6亿美元，下降1.3%，其中蛋产品出口额占35.5%，生猪产品出口额占18.5%；饮品出口1.4亿美元，增长12.5%，其中茶出口额占96.7%；水果出口1.1亿美元，增长21.9%，其中柑桔及其产品出口额占77.6%。

油籽、棉麻丝和谷物是主要进口农产品。油籽进口5.3亿美元，比上年增长0.7%，其中大豆进口额占96.9%；棉麻丝进口1.5亿美元，增加1.6倍，其中原棉进口额占84.7%；谷物进口1.4亿美元，增长9.7%，其中稻谷产品进口额占80.9%（图25）。

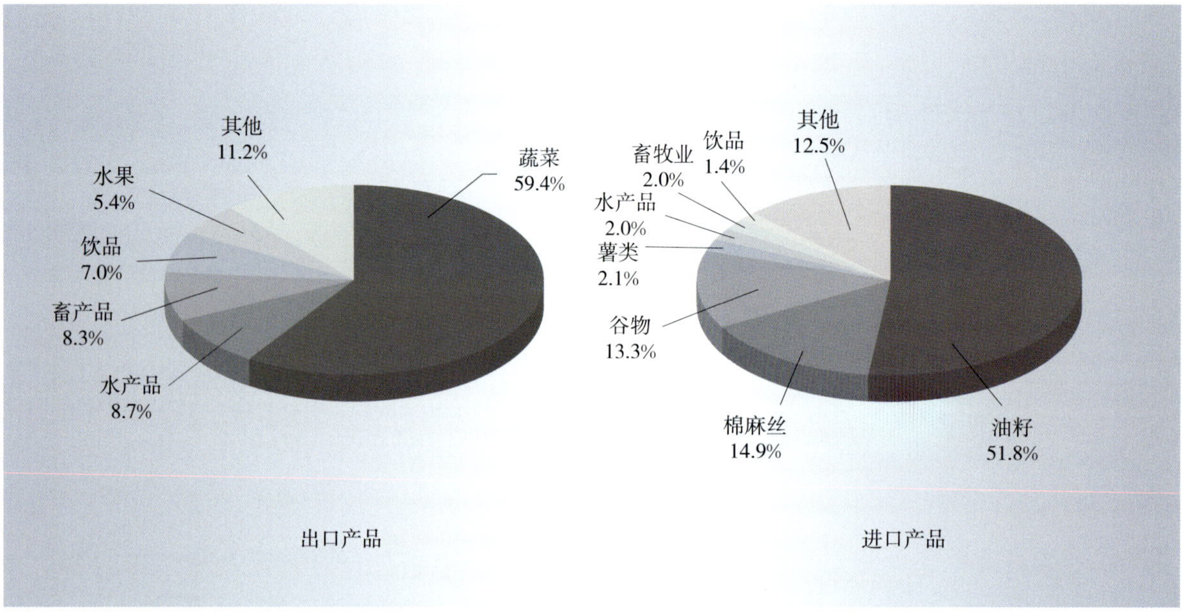


图25　2017年湖北省进出口农产品结构

中国香港、东盟、欧盟、美国和韩国是主要出口市场。出口中国香港9.4亿美元，比上年增长44.9%；出口东盟3.1亿美元，下降18.9%，其中，越南占38.4%，泰国占29.4%；出口欧盟1.9亿美元，下降4.5%，其中，对荷兰出口居首，占对欧盟出口的26.3%，英国占16.3%；出口美国1.2亿美元，下降16.3%；出口韩国1亿美元，增长44.8%。

巴西、美国和东盟是主要进口来源地。自巴西进口3.2亿美元，比上年增长10.2%；自美国进口3.1亿美元，增长30.8%；自东盟进口1.9亿美元，增长77.1%，其中从泰国进口占自东盟总进口的51.3%（图26）。

2017年，湖北省有农产品出口业绩的企业411家，较上年增加47家。其中，出口额1 000万美元以上的企业56家，比上年增加9家，合计占全省农产品出口总额的77.3%；出口5 000万美元以上的企业3家，与上年持平，合计占全省农产品出口总额的16.5%；出口过亿美元的企业有1家，与上年持平，占全省农产品出口总额的8.3%。

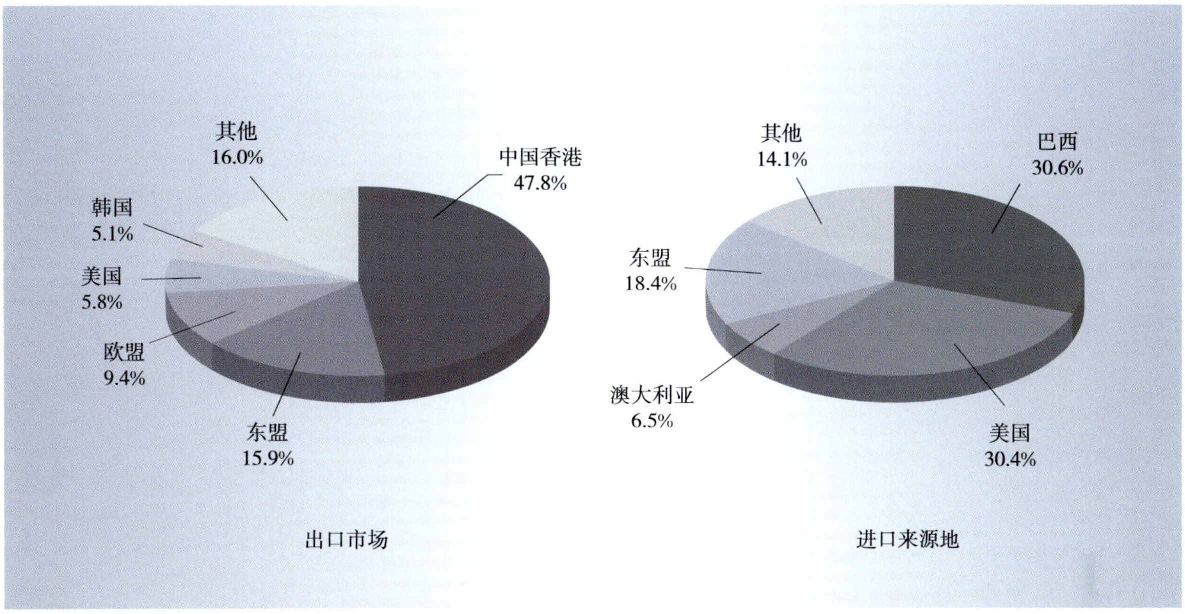


图 26 2017 年湖北省农产品出口市场和进口来源地结构

湖北省促进农产品出口的主要政策和措施：

（1）扎实推进出口农产品质量安全示范区建设。2017 年，全省对全部国家级、省级示范区进行了年审考核，新申报的 1 家被认定为国家级出口农产品质量安全示范区，1 家被认定为省级出口农产品质量安全示范区。全省国家级、省级示范区总数分别达到 8 个和 25 个。

（2）组织企业抱团参加国际经贸活动促进农产品出口。2017 年，组织企业参加中澳农业合作论坛、中国湖北—澳大利亚昆士兰州合作项目对接会和哈萨克斯坦阿斯塔拉世博会，连续第 3 年组织茶叶企业赴俄罗斯开展重走“万里茶道”活动，在纳米比亚首都举办了湖北农业企业走进非洲座谈会等活动，有力促进了特色优势农产品出口。省农业厅将湖北省优势农产品的主要出口市场进行分析归纳，为农产品出口企业和领导决策提供依据。

（3）认真做好农产品产业损害监测预警和贸易救济工作。根据农业部统一安排，2017 年继续在 12 个县（市、区）开展水稻、油菜籽、棉花、柑橘 4 个品种监测预警，新确定 1 个市开展出口农产品定点监测。

**（三）吉林省**

2017 年，吉林省农产品贸易总额 24.5 亿美元，比上年增长 5.4%。其中，出口额 13.9 亿美元，增长 7%；进口额 10.6 亿美元，增长 4%。贸易顺差 3.2 亿美元。

坚果、水产品和糖料及糖为主要出口产品。坚果出口 2.3 亿美元，比上年下降 9.5%；水产品出口 1.6 亿美元，增长 8.7%，其中，墨鱼及鱿鱼出口额占 25%，比目鱼出口额占 15.4%；糖料及糖出口 1.1

亿美元，下降 2.2%，其中果糖和葡萄糖各占 1/3。

油籽、水产品和坚果为主要进口产品。油籽进口 5.5 亿美元，增长 0.2%，其中大豆进口额占 98.7%；水产品进口 2.5 亿美元，增长 20.1%，其中墨鱼及鱿鱼进口额占 44.1%；坚果进口 1.7 亿美元，增长 17%（图 27）。

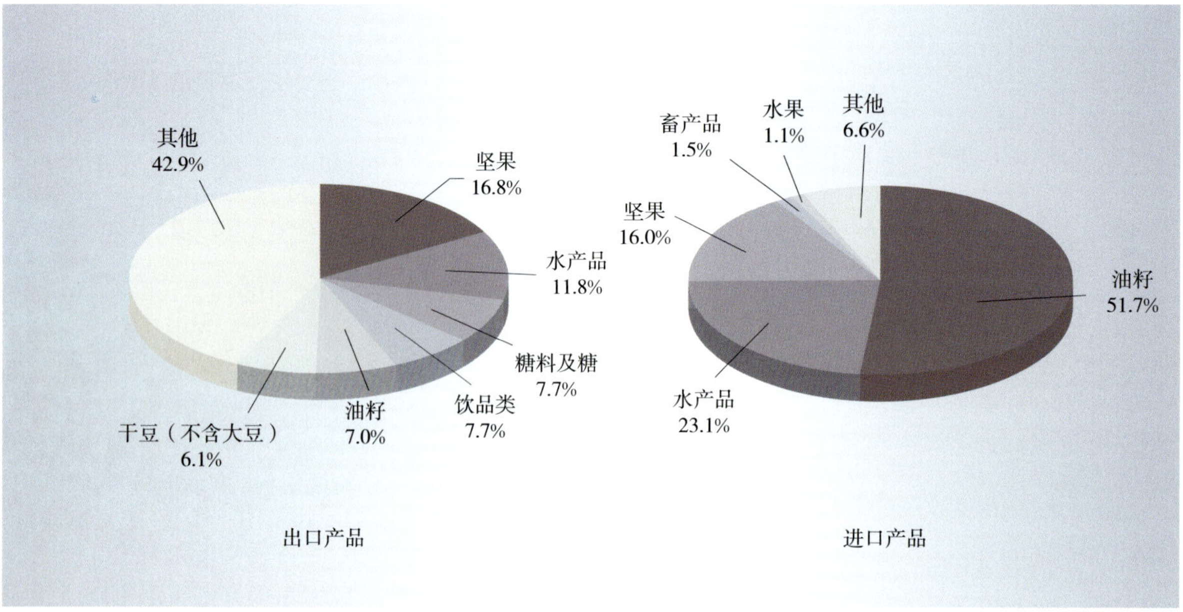


图 27　2017 年吉林省进出口农产品结构

韩国、日本、欧盟、东盟和朝鲜是主要出口市场。对韩国出口 3.2 亿美元，比上年增长 10.7%；对日本出口 2.3 亿美元，增长 9.3%；对欧盟出口 2.2 亿美元，增长 1.1%，其中对德国出口居首，占对欧盟出口的 38.1%。对东盟出口 2.1 亿美元，增长 14.4%，其中对印度尼西亚出口占对东盟出口的 39.2%；对朝鲜出口 1.3 亿美元，增长 1.1%。

巴西、朝鲜、美国和俄罗斯是主要进口来源地。自巴西进口 3.8 亿美元，比上年增长 27.8%；自朝鲜进口 2.2 亿美元，增长 20.6%；自美国进口 2 亿美元，下降 32.3%；自俄罗斯进口 1.2 亿美元，增长 28.8%（图 28）。

2017 年，吉林省有农产品出口业绩的企业 370 家，较上年增加 30 家。其中，出口额 1 000 万美元以上的企业 22 家，比上年增加 2 家，合计占全省农产品出口总额的 61.4%；出口额 5 000 万美元以上的企业 3 家，与上年持平，合计占全省农产品出口总额的 26.7%；出口额 1 亿美元以上的企业 1 家，属于年内新增，出口额占全省农产品出口总额的 10.4%。

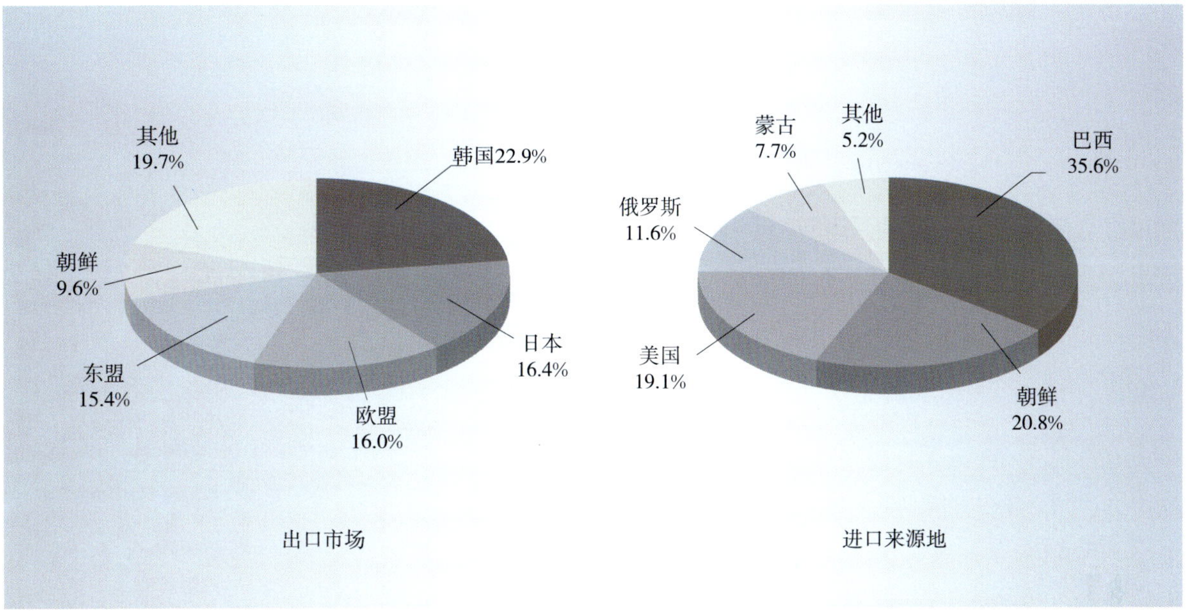


图 28　2017 年吉林省农产品出口市场和进口来源地结构

吉林省促进农产品出口的主要政策和措施：

（1）抓基地建设，提升农产品出口竞争优势。吉林省以基地建设为切入点，围绕特色重点产业和产品，积极推进生产基地标准化建设，保障出口农产品品质。截至 2017 年年底，全省累计完成出口农产品示范区建设 27 个，其中国家级示范区 12 个，出口农产品质量和竞争优势进一步提升。

（2）抓品牌培育，发展壮大优势产业。近年来，吉林省加强全产业链质量控制，强化农产品品牌培育，用质量赢市场，用信誉拓市场，着力打造吉林名特优农产品品牌，促进优势产业进一步发展壮大。2017 年在全省开展品牌“行走”工程，“吉字号”农产品品牌的影响力和知名度不断扩大。2017 年，在杭州举办的中国农业品牌百县大会上，“长白山人参”以高达 190.5 亿元的品牌价值，位列“2017 中国农产品区域公用品牌价值”百强榜第一。“长白山人参”已销往日本、韩国、新加坡、马来西亚、印度尼西亚等国家和中国香港、中国澳门和中国台湾省地区。

（3）抓市场开拓，拓展农产品出口渠道。组织农产品出口企业赴北美、欧洲和东南亚等地开拓国际市场，通过参加国外的博览会、企业对接推介会、论坛等活动以及在国内举办的国际性展会，积极推介和促销优势农畜产品，在巩固传统出口市场的同时，进一步拓展了“一带一路”等新兴市场。同时，发展跨境电商新型营销模式，实现线上线下结合，建立长期稳定的国际农产品销售渠道。

（4）抓流通方式创新，助推名优特农产品出口。积极扶持企业设立境外营销展示中心，打造海外贸易平台，借此扩大吉林省农产品国际贸易、打响农产品品牌，切实推动农产品对外贸易长足发展。通过在境外投资的企业分别在赞比亚和俄罗斯成立“中国·YD·吉林省名优产品营销展示中心”，以吉林省名优特农产品形象展示、品牌推广为主，整合资源，引导企业以整体营销方式开拓市场，在境外形成了一个集营销接单、品牌推广、售后服务、仓储配送等功能为一体的综合营销展示服务机构。

（5）抓监测预警，维护农业产业安全。从2012年开始，全省组织开展玉米、大豆两个农产品的产业损害监测预警工作，建立农产品价格监测体系，收集整理预警数据，对重点行业市场动态进行统计、分析、研究，及时提出应对重点品种市场变化的政策措施和建议。省农业厅通过与商务厅、出入境检验检疫局等部门联动，提醒企业预先做好应对农产品国际贸易摩擦及技术性贸易壁垒等工作，将贸易壁垒的影响和所致损失降到最低。

### （四）海南省

2017年，海南省农产品贸易总额8.4亿美元，比上年增长11.5%。其中，出口额5.3亿美元，增长5.1%；进口额3.1亿美元，增长24.6%。贸易顺差2.2亿美元。

水产品是最主要的出口农产品，占全省农产品出口总额的90.4%。水产品出口额4.8亿美元，比上年增长3.6%，其中罗非鱼出口额占61.6%。其次是水果，出口额1992万美元，增加1.4倍，其中，甜瓜出口额占41.5%，荔枝占30.3%，柑桔占11.1%（图29）。

水果、谷物和水产品是主要进口农产品。水果进口额1.1亿美元，增长31.9%，其中椰子产品进口额占98.4%；谷物进口额0.9亿美元，增长17.2%，其中，高粱进口额占36.8%，大麦占32%，大米占23.1%；水产品进口额0.3亿美元，增长14%，其中鲜冷冻鱼进口额占78.9%（图29）。

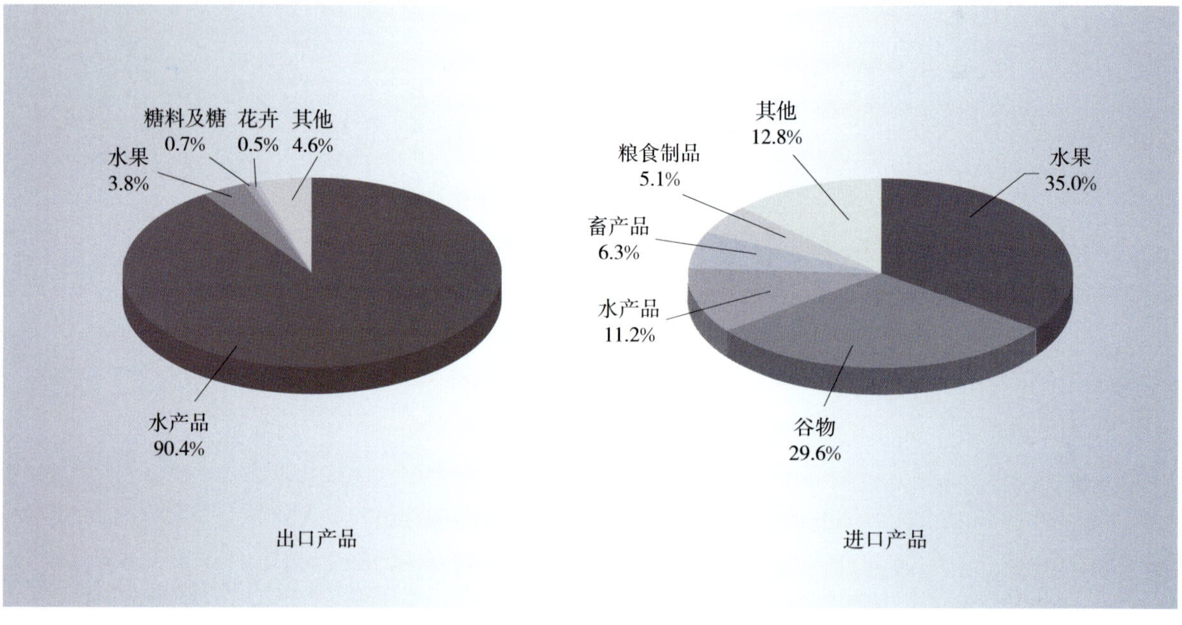


图29 2017年海南省进出口农产品结构

美国和东盟是主要出口市场，同时也是主要进口来源地。对美国出口 1.5 亿美元，比上年增长 9.1%；对东盟出口 1.1 亿美元，增长 60.9%，其中，对马来西亚出口居首，占对东盟出口的 56.2%，对菲律宾出口占 31.1%。自东盟进口 1.7 亿美元，比上年增长 34.9%，其中自印度尼西亚进口占从东盟进口的 50.7%，自越南进口占 27.4%，自泰国进口占 15.9%；自美国进口 0.6 亿美元，增长 7.2%（图 30）。

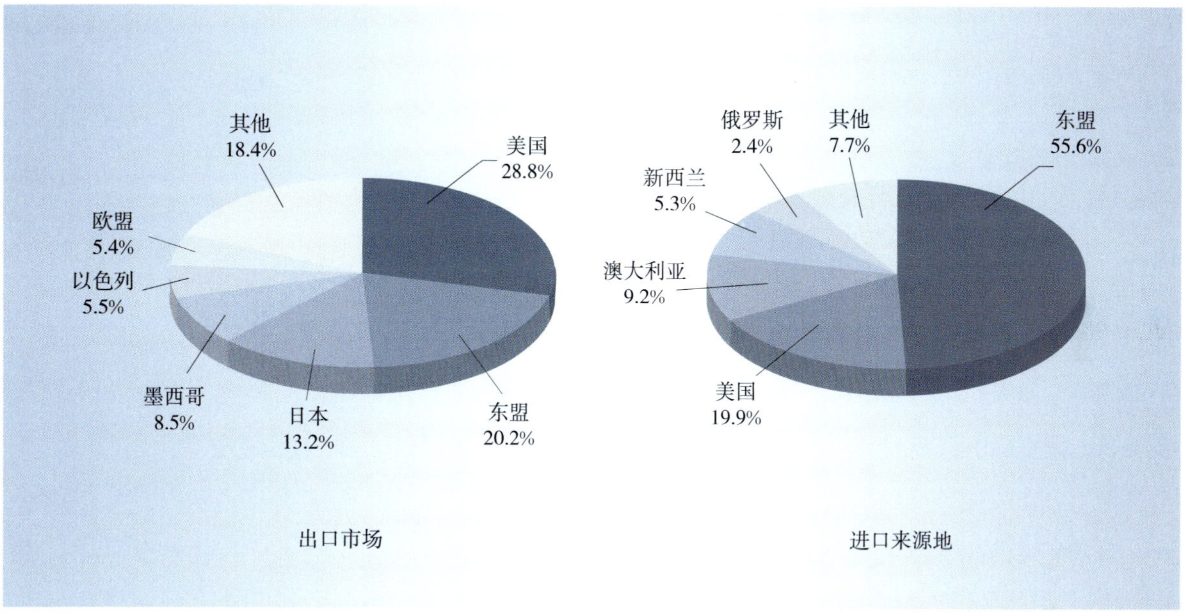


图 30　2017 年海南省农产品出口市场和进口来源地结构

2017 年，海南省有农产品出口业绩的企业 86 家。其中出口额 1 000 万美元以上的企业有 14 家，比上年增加 2 家，合计出口额占全省农产品出口总额的 77.1%。

海南省促进农产品出口的主要政策措施：

（1）开展国家级出口食品农产品质量安全示范区创建工作，带动食品农产品质量安全建设。海南省政府出台了《海南省出口食品农产品质量安全示范区考核实施办法》，检验检疫局出台了简化备案注册程序、优先对外推荐注册、便利出口检验放行、推动境外通关便利等 8 大措施，激发了地方政府和行业企业扩大食品农产品出口的动力。

（2）组织企业抱团出海，通过国际展览展示促进农产品出口。组织农产品出口企业赴欧美和东南亚等地开拓国际市场，积极推介和促销水果等优势产品，在巩固传统出口市场的同时，加强与“一带一路”国家队合作，不断开拓市场，拓展农产品出口渠道。

（3）认真做好农产品产业损害监测预警和贸易救济工作。根据农业部统一安排，2017 年继续开展天然橡胶、芒果和香蕉 3 个产品监测预警。及时报送动态信息，进行统计、分析、研究，及时提出应对重点品种市场变化的政策措施和建议。

# 主要贸易伙伴

2017年，中国农产品主要贸易伙伴依次为东盟、美国、巴西、欧盟和日本，对上述5国（地区）贸易额合计1 238.2亿美元，占中国农产品贸易总额的61.5%。

其中，中国农产品主要出口市场依次为东盟、日本、中国香港、欧盟和美国，对上述5国（地区）出口额合计524.2亿美元，占中国农产品出口总额的69.4%。与上年相比，对欧盟和美国的出口额占比分别增加了0.3个和0.1个百分点；对中国香港、日本和东盟出口额占比分别下降0.6个、0.2个和0.1个百分点。

主要进口来源地依次为美国、巴西、东盟、欧盟和澳大利亚，从上述5国（地区）进口额合计888.2亿美元，占中国农产品进口总额的70.7%。与上年相比，自巴西和澳大利亚的进口额占比分别增加了2.1个和1.1个百分点；自美国、欧盟和东盟的进口额占比分别下降了2.3个、0.9个和0.1个百分点（表49）。

**表49　2017年中国农产品主要出口市场和进口来源地**

单位：亿美元、%

| 出口市场 | | | 进口来源地 | | |
|---|---|---|---|---|---|
| 国家（地区） | 出口额 | 占农产品出口总额比重 | 国家（地区） | 进口额 | 占农产品进口总额比重 |
| 东　盟 | 158.6 | 21.0 | 美　国 | 241.2 | 19.2 |
| 日　本 | 102.4 | 13.6 | 巴　西 | 241.1 | 19.2 |
| 中国香港 | 98.4 | 13.0 | 东　盟 | 167.8 | 13.3 |
| 欧　盟 | 87.4 | 11.6 | 欧　盟 | 148.2 | 11.8 |
| 美　国 | 77.3 | 10.2 | 澳大利亚 | 90.0 | 7.2 |
| 前五位合计 | 524.2 | 69.4 | 前五位合计 | 888.2 | 70.7 |

## 美国

### （一）生产

2017年谷物产量43 728.5万吨，比上年下降7.5%。其中，小麦4737.1万吨，下降24.6%；玉米37 096万吨，下降3.6%。棉花产量462.9万吨，增长23.4%。牛肉产量1 244.8万吨，增长9.3%。猪肉产量1 218.8万吨，增长7.8%。大豆产量11 951.8万吨，鸡肉产量1 897万吨，均与上年基本持平（表50）。

**表50 2017年美国主要农产品产量及出口情况**

单位：万吨、%

| 产　品 | 产　量 | 占世界总产量比重 | 出口量 | 占本国产量比重 |
|---|---|---|---|---|
| 小　麦 | 4 737.1 | 6.2 | 2 585.5 | 54.9 |
| 玉　米 | 37 096.0 | 35.6 | 5 207.2 | 14.0 |
| 大　豆 | 11 951.8 | 34.5 | 5 715.3 | 47.8 |
| 棉　花 | 462.9 | 17.5 | 315.7 | 68.2 |
| 牛　肉 | 1 244.8 | 19.9 | 132.0 | 10.6 |
| 猪　肉 | 1 218.8 | 10.8 | 270.6 | 22.2 |
| 鸡　肉 | 1 897.0 | 20.8 | 318.9 | 16.8 |

数据来源：美国农业部。

### （二）贸易

美国是农产品出口大国，多数农产品在世界市场上占有较大比重。2017年谷物、油料和棉花等出口下降，畜产品出口增长。小麦出口2 585.5万吨，比上年下降10%；玉米出口5 207.2万吨，下降11%。大豆出口5 715.3万吨，下降3.4%。棉花出口315.7万吨，下降2.8%。牛肉出口132万吨，增长11%；鸡肉出口318.9万吨，增长3.2%；猪肉出口270.6万吨，增长4.5%。

美国是中国农产品第一大进口来源国和第五大出口市场（仅次于东盟、日本、中国香港和欧盟）。2017年中美农产品贸易额318.4亿美元，比上年增长1.7%。其中，中国对美国出口77.3亿美元，增长4%，占中国农产品出口总额的10.2%。前五大类出口产品是水产品、蔬菜、水果、畜产品和饮品，出口额合计56.8亿美元，占对美国农产品出口额的73.5%。中国自美国进口241.2亿美元，增长1%，占中国农产品进口总额的19.2%。前五大进口农产品为油籽、畜产品、谷物、水产品和棉麻丝，进口额合计209.6亿美元，占自美进口农产品总额的87%，其中油籽（主要是大豆）进口额占自美农产品进口额的58.2%（表51）。

**表 51　2017 年中国与美国重要农产品贸易情况**

单位：亿美元、%

| 出口产品 | 出口额 | 所占比重 | 进口产品 | 进口额 | 所占比重 |
|---|---|---|---|---|---|
| 水产品 | 32.2 | 41.6 | 油　籽 | 140.4 | 58.2 |
| 蔬　菜 | 11.5 | 14.8 | 畜产品 | 29.2 | 12.1 |
| 水　果 | 7.7 | 9.9 | 谷　物 | 15.1 | 6.3 |
| 畜产品 | 3.2 | 4.2 | 水产品 | 15.1 | 6.2 |
| 饮　品 | 2.3 | 2.9 | 棉麻丝 | 9.9 | 4.1 |
| 小　计 | 56.8 | 73.5 | 小　计 | 209.6 | 87.0 |

### （三）贸易政策

2017 年美国秉持“美国优先”理念，大幅调整其多边和区域贸易政策立场。多边谈判方面，在 2017 年底召开的第 11 届世界贸易组织（WTO）部长会上，美国拒绝接受任何农业贸易政策谈判方案。区域贸易政策方面，美国于 1 月正式宣布退出《跨太平洋伙伴关系协定》（TPP），并要求重谈《北美自由贸易协定》（NAFTA）和《美韩自由贸易协定》（KORUS），以完善协议条款和降低美方贸易逆差。其中，《北美自由贸易协定》重新谈判于 8 月启动，年内完成了五轮谈判。

美国频繁发起贸易争端诉讼。1 月和 9 月，美国就加拿大酒类贸易两次提出磋商请求。1 月 25 日，应美国要求，WTO 成立专家组审理美诉中国违反农业国内支持承诺案件。2 月 9 日，美国和中国在日内瓦就美诉中国关税配额管理不透明、不可预测及不合理案件进行磋商但未达成一致；9 月 22 日，应美国要求 WTO 成立专家组。2017 年美国持续推进美诉印度对美鸡肉等农产品实施进口限制案件的仲裁程序。12 月，WTO 上诉机构判定印度尼西亚对美国农作物实施进口壁垒违反世贸组织规则。

## 欧盟

### （一）生产

欧盟主要农产品包括谷物、油籽、畜产品、水果和食糖。2017 年因异常潮湿的天气影响了播种，欧盟谷物播种面积略有下降，但单产增幅超过了面积降幅，产量总体增加。谷物全年收获面积 5 631 万公顷，比上年下降 1.4%，产量 30 533 万吨，比上年增加 1.8%。其中，小麦收获面积比上年下降 3.2%，单产增长 7.5%，产量 15 160 万吨，增长 4.4%；玉米收获面积下降 1.0%，产量 6 114 万吨，与上年基本持平。油菜籽产量 2 210 万吨，增长 7.6%。食糖产量 1 650万吨，增长 15.5%。牛肉产量 789 万吨，与上年基本持平（表 52）。

**表 52 2017 年欧盟主要农产品产量和进出口量**

单位：万吨、%

| 产　品 | 产　量 | 占世界总产量比重 | 进口量 | 出口量 | 出口量占国内产量比重 |
|---|---|---|---|---|---|
| 小　麦 | 15 160.0 | 20.0 | 550 | 2 500 | 16.5 |
| 玉　米 | 6 113.9 | 5.9 | 1 620 | 200 | 3.3 |
| 油菜籽 | 2 210.0 | 30.0 | 430 | 25 | 1.1 |
| 食　糖 | 1 650.0 | 9.6 | 275 | 155 | 9.4 |
| 牛　肉 | 789.0 | 12.8 | 34 | 40 | 5.0 |

数据来源：美国农业部。

### （二）贸易

欧盟是中国第四大农产品进口来源地及第四大农产品出口市场。2017 年，中欧农产品贸易延续了 2012 年以来中国居逆差地位的态势，逆差额 60.8 亿美元，比上年扩大 3.4%。中国从欧盟进口农产品 148.2 亿美元，增长 5.1%。主要进口产品包括畜产品、饮品、棉麻丝、水产品和粮食制品，5 类产品进口额合计 125 亿美元，占中国自欧盟进口农产品总额的 84.2%，其中畜产品和饮品类合计占近 77.4%。

2017 年，中国对欧盟出口农产品 87.4 亿美元，比上年增长 6.3%。主要出口产品包括水产品、蔬菜、畜产品、水果和饮品，5 类产品出口额合计 55.5 亿美元，占中国对欧盟农产品出口总额的 63.4%（表 53）。

**表 53 2017 年中国与欧盟主要农产品贸易情况**

单位：亿美元、%

| 出口产品 | 出口额 | 所占比重 | 进口产品 | 进口额 | 所占比重 |
|---|---|---|---|---|---|
| 水产品 | 23.7 | 27.1 | 畜产品 | 79.8 | 53.8 |
| 蔬　菜 | 12.3 | 14.0 | 饮　品 | 35.0 | 23.6 |
| 畜产品 | 11.0 | 12.6 | 棉麻丝 | 3.9 | 2.6 |
| 水　果 | 4.5 | 5.1 | 水产品 | 3.6 | 2.4 |
| 饮　品 | 4.0 | 4.6 | 粮食制品 | 2.7 | 1.8 |
| 小　计 | 55.5 | 63.4 | 小　计 | 125.0 | 84.2 |

### （三）贸易政策

地区和双边方面，3 月 10 日，欧盟宣布与东盟就重启自贸协定谈判达成共识并开始相关准备工作。6 月，欧盟理事会对给予乌克兰补充贸易优惠问题达成一致。7 月，欧盟调整进口日本食品的相关限制。9 月，欧盟—加拿大自贸协定（CETA）开始临时生效。

贸易新规方面，1 月 1 日，欧盟有关自动交换跨境税收裁定信息新规则生效。5 月，欧盟成员国就修改反倾销立法达成一致，同意在未来反倾销调查中对世界贸易组织成员不再使用“替代国”做法而采用“市场扭曲”的新概念和标准。8 月，欧盟委员会修订关于从第三国进口有机产品的内容。

从与中国相关的农业贸易政策看，3 月，世贸组织公布了中国诉欧盟禽肉关税配额管理措施案专家组报告，认定欧盟对鸭肉产品采取的关税配额分配措施违反世贸规则。4 月，欧盟对中国酒石酸启动反倾销日落复审立案调查。5 月，欧盟表示将“全面遵守”有关“中欧禽类贸易争端裁决报告要求”，扩大进口中国禽类产品。6 月，欧盟放宽对中国甘蓝中农药残留的抽检比例。10 月，欧盟就中国廉价进口商品的反倾销新规达成一致。12 月，欧盟又降低进口中国甘蓝的检查频率。

## 东盟

### （一）生产

稻谷是东盟最主要的农产品。2017 年，主要产稻国印度尼西亚、越南、泰国、缅甸和菲律宾稻谷产量分别为 3 700 万吨、2 845 万吨、2 040 万吨、1 295 万吨和 1 197 万吨，分别占世界总产量的 7.6%、5.9%、4.2%、2.7%和 2.5%（表 54）。

**表 54 2017 年东盟主要国家稻谷产量及进出口量**

单位：万吨、%

| 国　家 | 产　量 | 占世界总产量比重 | 进口量 | 占世界总进口量比重 | 出口量 | 占世界总出口量比重 |
|---|---|---|---|---|---|---|
| 印度尼西亚 | 3 700.0 | 7.6 | 80.0 | 1.7 | — | — |
| 越　　南 | 2 845.0 | 5.9 | 40.0 | 0.9 | 670.0 | 14.3 |
| 泰　　国 | 2 040.0 | 4.2 | 25.0 | 0.5 | 1 020.0 | 21.8 |
| 缅　　甸 | 1 295.0 | 2.7 | — | — | 330.0 | 7.0 |
| 菲 律 宾 | 1 197.0 | 2.5 | 130.0 | 2.8 | — | — |

数据来源：美国农业部。

印度尼西亚和马来西亚是世界棕榈油主要生产国，两国产量合计占世界总产量的比重一直保持在 85%左右。近年来，印度尼西亚棕榈油产量增长较快，由 2010 年的 2 360万吨增至 2017 年的 3 850 万吨，占世界总产量的比重由 47.9%增至 55.2%；马来西亚棕榈油产量波动增长，由 2010 年的 1 821 万吨增至 2017 年的 2 050 万吨，占世界总产量的比重由 37%降至 29.4%。中国是全球仅次于印度的第二大棕榈油进口国，也是印度尼西亚、马来西亚两国棕榈油主要出口市场，两国对中国出口分别占其产量的8.4%和9.1%、出口量的11.5%和10.8%（表55）。

**表55 2017年东盟主要国家棕榈油产量及出口量**

单位：万吨、%

| 国　家 | 产　量 | 占世界产量的比重 | 出口量 |
|---|---|---|---|
| 印度尼西亚 | 3 850 | 55.2 | 2 800 |
| 马来西亚 | 2 050 | 29.4 | 1 730 |
| 合　计 | 5 900 | 84.6 | 4 530 |

数据来源：美国农业部。

**（二）贸易**

2017年，泰国大米出口1 020万吨，占世界大米出口总量的21.8%，是全球仅次于印度的第二大大米出口国；越南大米出口670万吨，占世界的14.3%，近年来稳居全球第三。菲律宾仍然是东盟最大大米进口国，进口130万吨，占世界大米进口量的2.8%。

2017年，中国与东盟农产品贸易额326.5亿美元，比上年增长7.4%。东盟是中国第一大农产品出口市场，2017年对东盟农产品出口额158.6亿美元，增长3%。主要出口品种有蔬菜、水果、水产品、糖料及糖和畜产品，5类产品出口额合计118.6亿美元，占中国对东盟农产品出口总额的74.7%。东盟是中国第三大农产品进口来源地，全年中国自其进口167.8亿美元，增长12%。主要进口品种包括植物油、水果、谷物、薯类和水产品，5类产品进口额合计119.5亿美元，占中国从东盟农产品进口总额的71.2%，其中植物油（以棕榈油为主）占27.2%（表56）。

**表56 2017年中国与东盟主要农产品贸易情况**

单位：亿美元、%

| 出口产品 | 出口额 | 所占比重 | 进口产品 | 进口额 | 所占比重 |
|---|---|---|---|---|---|
| 蔬　菜 | 45.0 | 28.4 | 植物油 | 45.6 | 27.2 |
| 水　果 | 31.4 | 19.8 | 水　果 | 26.7 | 15.9 |
| 水产品 | 27.3 | 17.2 | 谷　物 | 18.4 | 11.0 |
| 糖料及糖 | 7.5 | 4.7 | 薯　类 | 14.5 | 8.6 |
| 畜产品 | 7.4 | 4.6 | 水产品 | 14.3 | 8.5 |
| 合　计 | 118.6 | 74.7 | 合　计 | 119.5 | 71.2 |

数据来源：中国海关统计。

### （三）贸易政策

马来西亚。3月，马来西亚向世界动物卫生组织（OIE）报告，因吉兰丹州发生H5N1亚型高致病性禽流感疫情，中国国家质检总局将马来西亚“禽类及相关产品”列为禁止入境货物，停止受理、审批、颁发马来西亚燕窝产品的《进境动植物检疫许可证》，已颁发并在有效期内的许可证暂停使用。从12月起，将棕榈油出口关税从6.5%下调到6%。

缅甸。由于中国发生H7N9禽流感，缅甸海关2月将进口中国鸡蛋视为非法贸易，并表示将联合其他11个机构组建行动组检查与中国相邻的口岸，对进口商实施必要的抓捕、追责和没收相关物品。缅甸商务部表示，9月15日起暂停从国外进口各种豆类，原因是国内豆类供应充足，重新放开的时间会根据国内市场需求确定。

菲律宾。5月，宣布将大米进口限制期限延长3年，即在2020年之前，私营贸易商每年的大米进口最高数量和关税仍为80.5万吨和35%。但根据世贸组织协定，菲律宾应在7月1日取消该限制。8月，菲律宾宣布，将按5月宣布的计划向私营贸易商开放大米进口限额。大米进口的第一阶段为2017年12月20日至2018年2月28日，第二阶段为2018年6月1日至8月31日。11月，菲律宾糖业管理局（SRA）表示，菲律宾首次获准向中国出口食糖，且出口额已达800万美元。由于2016/17榨季菲律宾食糖产量达到了34年以来的历史高点（250万吨），中国市场对菲律宾至关重要。

## 日本

### （一）生产

2017年日本耕地总面积444万公顷，比上年下降0.6%。其中，水稻种植面积155.7万公顷，下降0.8%，产量758.6万吨，增长2.5%；小麦种植面积21.3万公顷，下降0.5%，产量90.5万吨，增长16.3%。

### （二）贸易

日本是世界主要农产品进口国，主要进口农产品包括谷物、畜产品、油籽和蔬菜。2017年中日农产品贸易总额110.8亿美元，比上年增长2.2%。中国对日出口额达102.4亿美元，比上年增长1.9%。对日出口额排名前5位产品分别是水产品、蔬菜、畜产品、水果和饼粕。与上年相比，除饼粕出口额下降45.5%外，其余4类产品均增长（表57）。中国自日进口额8.4亿美元，比上年增长6.9%。自日进口额排名前5位产品分别是水产品、饮品、粮食制品、蔬菜和花卉。除水产品进口额比上年下降2.8%外，其余4类产品进口额均增长。

**表 57 2017 年中国对日本出口农产品情况**

单位：亿美元、%

| 出口产品 | 出口额 | 比上年增长 | 占对日本农产品出口额比重 |
|---|---|---|---|
| 水产品 | 38.5 | 3.9 | 37.5 |
| 蔬　菜 | 22.1 | 2.0 | 21.6 |
| 畜产品 | 13.7 | 12.0 | 13.4 |
| 水　果 | 5.4 | 3.4 | 5.3 |
| 饼　粕 | 2.4 | −45.5 | 2.4 |
| 合　计 | 82.1 | — | 80.2 |

### （三）贸易政策

2月，日本发布通报，对从中国进口芋头中的毒死蜱和养殖活鳗中亚甲蓝的抽查频率提高到30%。3月，世界贸易组织（WTO）公布了日本贸易政策相关调查报告书，指出日本农产品关税及价格支持“与其他经济合作开发组织（OECD）中的国家相比力度更大”，对日本农业领域“持续性的过度保护”状态表示担忧，强调日本应对此进行改革。报告认为日本农业保护政策的重点就是补助款等价格支持政策，指出肉和蛋类的价格支持政策是“最有可能干扰正常生产与贸易的政策之一”。8月，日本发布通报，要求2017年11月1日及以后抵达日本的原奶、奶制品，必须附有出口国主管当局颁发的健康证明及其附件。10月起，强化对中国产干燥蜂蛹中土霉素的抽查，抽查频率提高到30%。

## 巴西

### （一）生产

巴西是世界食糖、咖啡、柑橘、大豆和牛肉的主要生产国。2017年，食糖、咖啡和柑橘产量居世界首位，大豆、牛肉产量居世界第二，玉米产量居世界第三。食糖产量3 915万吨，比上年增长13.3%；咖啡产量307.2万吨，下降8.7%；柑橘产量1 734万吨，下降15%；大豆产量11 300万吨，下降1%；玉米产量9 450万吨，下降4.1%；牛肉产量945万吨，增长1.8%（表58）。

**表 58　2017 年巴西主要农产品产量及出口量**

单位：亿美元、%

| 农产品 | 产　量 | 占世界总产量比重 | 出口量 | 出口量占本国产量比重 |
|---|---|---|---|---|
| 大　豆 | 11 300.0 | 33.2 | 7 050.0 | 62.4 |
| 大豆油 | 825.0 | 14.7 | 145.0 | 17.6 |
| 食　糖 | 3 915.0 | 22.8 | 2 850.0 | 72.8 |
| 咖　啡 | 307.2 | 32.0 | 182.6 | 59.4 |
| 玉　米 | 9 450.0 | 9.1 | 3 500.0 | 37.0 |
| 牛　肉 | 945.0 | 15.4 | 176.0 | 18.6 |

数据来源：美国农业部。

### （二）贸易

目前，巴西是世界最大食糖、咖啡、大豆出口国和世界第二大玉米、牛肉出口国。2017 年，巴西食糖出口 2 850 万吨，增长 17%，占世界食糖出口总量的 48.3%；大豆出口 7 050 万吨，增长 11.7%，占世界大豆出口总量的 46.8%，其中向中国出口占其产量的 45.1%和出口量的 72.2%；咖啡出口 182.6 万吨，下降 8%，占世界咖啡出口总量的 23.6%；玉米出口 3 500 万吨，占世界玉米出口总量的 22.4%；畜产品出口以牛肉为主，2017 年出口 176 万吨，增长 3.7%，其中对中国出口 19.8 万吨，增长 15.8%。

2017 年，巴西是中国农产品第二大进口来源地，进口额 241.1 亿美元，比上年增长 26.2%，占中国农产品进口总额的 19.2%；中国对巴西农产品贸易逆差 235.3 亿美元，扩大 27.9%。主要进口产品为油籽、畜产品、糖料及糖、植物油和棉麻丝，5 类产品合计占中国自巴西农产品进口总额的 97.8%，其中油籽占 86.7%。自巴西进口的畜产品、糖料及糖和棉麻丝比上年下降，油籽和植物油进口额增长（表 59）。由于 2017 年中国对进口食糖产品采取保障措施，食糖进口降幅明显，自巴西食糖进口量从 198.9 万吨降至 79 万吨，降幅超过 60%；进口额由 7 亿美元降至 3.7 亿美元，下降 47.1%。

**表 59 2017年中国从巴西进口主要农产品情况**

单位：亿美元、%

| 进口产品 | 进口额 | 比上年增长 | 占从巴西进口农产品总额比重 | 占中国同类产品进口总额比重 |
|---|---|---|---|---|
| 油　　籽 | 209.2 | 34.5 | 86.7 | 48.6 |
| 畜 产 品 | 18.6 | −7.4 | 7.7 | 7.3 |
| 糖料及糖 | 3.7 | −47.1 | 1.5 | 24.8 |
| 植 物 油 | 2.9 | 11.5 | 1.2 | 4.0 |
| 棉 麻 丝 | 1.4 | −6.7 | 0.5 | 4.7 |
| 合　　计 | 235.8 | 26.2 | 97.8 | 29.4 |

### （三）贸易政策

5月，巴西卫生监督局发布通报，制定了食品出口卫生证书的标准。8月，巴西推动南方共同市场（包括巴西、阿根廷、巴拉圭和乌拉圭）与欧盟在年内完成自贸协定谈判，双方均认为2018年前是结束谈判的窗口期。10月，巴西宪法公证公民委员会批准巴西海关与中国在海关事务上进行合作，保障国际物流贸易的安全，严防走私犯罪。

## 澳大利亚

### （一）生产

2017年，澳大利亚大麦和小麦产量下降幅度较大，其他主要农产品产量上升。其中，大麦产量890万吨，比上年下降34.1%；小麦产量2 130万吨，下降33.1%；高粱产量144万吨，增长44.8%。棉花产量107万吨，增长21%。食糖产量510万吨，增长4.1%。牛肉产量215万吨，增长1.1%（表60）。

**表 60 2017年澳大利亚主要农作物产量及出口量**

单位：亿美元、%

| 农产品 | 产　量 | 占世界总产量比重 | 出口量 | 出口量占本国产量比重 |
|---|---|---|---|---|
| 小　麦 | 2 130 | 2.8 | 1 500 | 70.4 |
| 大　麦 | 890 | 6.2 | 650 | 73.0 |
| 高　粱 | 144 | 2.5 | 65 | 45.1 |
| 棉　花 | 107 | 4.1 | 87 | 81.3 |
| 食　糖 | 510 | 2.9 | 400 | 78.4 |
| 牛　肉 | 215 | 3.5 | 149 | 69.3 |

数据来源：美国农业部。

### （二）贸易

2017 年，澳大利亚大麦和小麦受减产影响出口量下降幅度较大。其中，大麦出口 650 万吨，比上年下降 29.3%；小麦出口 1 500万吨，下降 33.8%。牛肉出口 149 万吨，比上年增长 0.4%。食糖出口 400 万吨，比上年增长 8.1%。

2017 年中澳双边农产品贸易规模较快增长，农产品贸易额为 100.1 亿美元，比上年增长 30.3%。其中，中国自澳进口 90 亿美元，增长 34.4%，占中国农产品进口总额的 7.1%；对澳出口 10.1 亿美元，增长 1.6%；对澳逆差 79.9 亿美元。中国自澳大利亚进口前五位农产品依次为畜产品、谷物、饮品、棉麻丝和水产品，合计占中国自澳农产品进口额的 86.4%（表 61）。

**表 61　2017 年中国从澳大利进口主要农产品情况**

单位：亿美元、%

| 产　品 | 进口额 | 比上年增长 | 占自澳进口农产品比重 | 占中国同类产品比重 |
|---|---|---|---|---|
| 畜产品 | 43.4 | 20.7 | 48.5 | 16.9 |
| 谷　物 | 18.7 | 48.7 | 20.8 | 28.7 |
| 饮　品 | 7.6 | 27.7 | 8.5 | 10.6 |
| 棉麻丝 | 5.0 | 31.4 | 5.6 | 16.5 |
| 水产品 | 3.1 | 242.8 | 3.5 | 2.8 |
| 合　计 | 77.8 | 31.4 | 86.4 | 14.5 |

数据来源：中国海关数据库。

### （三）贸易政策

3 月，中澳签署了《关于审议中澳自由贸易协定有关内容的意向声明》。5 月，中澳签订了《关于在食品安全领域合作的谅解备忘录》和《关于实施农业合作项目的行动计划（2017—2019 年）》；澳大利亚与中国香港开始自贸区谈判。5 月 22 日，澳大利亚新修订的 WTO 减让表正式生效，履行了 2015 年内罗毕部长会成员的承诺，取消了农业出口补贴，澳也是 16 个享有出口补贴权利成员中第一个修改减让表的成员。10 月，澳大利亚发布《农业竞争力白皮书》，将“开发高端市场，优化国际贸易，发展农业企业”作为工作重点之一。

# 专论

# 农业贸易谈判

## WTO 农业贸易谈判

### （一）2017 年 WTO 农业谈判形势

**1. 谈判节奏加快，进展却乏善可陈**

2017 年以来，为推动将于年底举行的 WTO 第 11 届部长会（MC11）取得成果，成员积极参与谈判。农业谈判主要集中在国内支持、粮食安全公共储备（PSH）、特殊保障机制（SSM）和棉花等议题。进入下半年之后，谈判节奏加快，成员就上述议题提出多项提案，并利用总理事会、贸易谈判委员会、农业特会、大使级磋商、小范围磋商等各种形式进行了密集谈判。由于主要成员美国刻意弱化多边贸易体制，消极对待谈判，其他成员间也缺乏利益交换基础，分歧难以弥合，成员普遍预计农业谈判主要议题很难取得实质性成果。但澳大利亚、巴西、阿根廷等农业竞争力强、补贴少的农产品出口国（凯恩斯集团）仍希望借阿根廷东道国主场之利，在国内支持上寻求突破、取得成果。

**2. 利益诉求多元复杂，谈判立场尖锐对立**

国内支持是各方角力的关键议题，谈判的核心是削减扭曲贸易的国内支持。由于《农业协定》内在的规则不平衡，各类成员可以享受的国内支持空间严重失衡：发达成员补贴空间充裕，除微量允许（*DE MINIMIS*）外，还有高额的综合支持量（AMS），可籍以维持其对农业的高额补贴；多数发展中成员仅有微量允许，政策空间小对农业政策造成的约束日益严重。在此情况下，各方利益诉求分歧巨大：中国、印度、非加太集团（ACP）等发展中成员呼吁制定更公平的贸易规则，要求发达成员首先削减扭曲贸易的 AMS，同时出于粮食安全、农村发展和小农生计需要，要求获得更多的政策空间；美国、日本等发达成员要保护其既有利益，在谈判中以攻为守，要求中国、印度等近年国内支持增长较快的新兴成员进行削减；出口竞争力强的凯恩斯集团则希望所有成员都削减支持以从潜在的市场扩大中获利。虽然各方纷纷从自身利益出发提出提案，但对于什么是扭曲贸易的国内支持、如何削减都存在严重分歧。澳大利亚、巴西、欧盟等要求成员对 AMS、微量允许都进行约束，而中印提案强调 AMS 是最具贸易扭曲作用的国内支持，也是造成发达成员与发展中成员间不平衡的最大因素，应率先削减。临近 MC11，阿根廷、墨西哥、菲律宾等提出新提案，以期弥合分歧，但成员对国内支持都高度敏感，各方立场没有交集，短期内利益难以平衡，MC11 很难达成约束性纪律。

粮食安全公共储备谈判的目标是解决部分发展中成员对粮食安全储备的支持突破承诺的问题。第十届部长会对该议题有明确授权，即在 MC11 上就 2013 年巴厘岛部长会上达成的临时方案（如发展中成员以管理价格购买的以粮食安全为目的的公共储备导致“爆箱”，其他成员在决定是否诉诸争端解决机制时应保持克制）进行谈判，制定永久方案。各方核心分歧在于多大程度上允许发展中成员实施具有价格支持作用的公共储备可不受纪律约束。G33 要求将发展中成员用于 PSH 的支持从目前的黄箱归入绿箱，以解决敞开收购问题；发达成员则坚决反对 PSH “黄转绿”，仅初步同意在临时方案的基础上开展谈判，并提出了严格的透明度要求和限制条件；巴西、欧盟、澳大利亚等还将 PSH 与国内支持谈判挂钩，明确表示不会接受只有 PSH 的农业谈判成果。各方分歧巨大。

特殊保障机制谈判目标是为发展中成员设计一个易用、有效的保障救济机制，以应对进口数量激增或者进口价格过低对国内产业造成的不利影响。谈判的核心分歧点在于 SSM 是否应与市场准入挂钩。发达成员坚持要求 SSM 与新的市场准入机会挂钩，G33 坚决反对，但愿意就 SSM 具体元素显示一定灵活性。双方立场尖锐对立，以至于发达成员拒绝参与讨论，SSM 甚至无法列入 MC11 议程。

棉花议题的实质是大量扭曲贸易的国内支持扰乱了市场价格，损害了非洲产棉国棉花出口和棉农生计，谈判的目标是大幅削减扭曲贸易的国内支持，同时发达成员和有能力的发展中成员给予最不发达国家（LDC）“免关税、免配额”待遇。美国在棉花议题上高度敏感，始终逃避削减责任，并屡次将中国推向矛盾焦点，致使棉花问题逐步演变为非洲产棉国要求削减所有成员棉花补贴。MC11 召开前夕，非洲棉花四国（C4）提出提案要求 MC11 全面限制棉花补贴政策，包括削减 AMS 和蓝箱补贴，限制绿箱补贴，加强透明度等。美国作为主要相关方未显示任何灵活性、抵制谈判；欧盟同意削减黄箱补贴，但拒绝约束绿箱和蓝箱。棉花议题与国内支持谈判紧密相连，在国内支持总体纪律难以达成一致的情况下，单独收获棉花几无可能，多数成员倾向于 MC11 通过一份支持解决棉花议题的原则性政治声明。

### （二）第11届部长会农业谈判情况

WTO第11届部长会（MC11）于12月10—13日在阿根廷布宜诺斯艾利斯举行，164个成员出席。本次会议在以美国为首的逆全球化思潮蔓延、保护主义抬头的背景下召开，成员普遍预期不高，多立足于为MC11之后的谈判设定路线图，但为了抢占未来主动权，成员间依然暗流涌动、充满激烈的博弈。尤其是WTO部长会首次在南美召开，以阿根廷、巴西为首的南美国家高度重视，希望推动达成实质成果。

MC11农业议题上各方矛盾错综复杂，利益冲突激烈。MC11会前农业谈判已逐步聚焦于农业国内支持、PSH两大议题，会上依然呈现成员立场尖锐对立的谈判局面。在国内支持和PSH等具体议题上，美国不接受PSH永久方案，认为任何永久方案都会形成新的漏洞，不利于约束扭曲贸易的支持措施，并弱化透明度要求。美国也不接受仅就国内支持进行谈判，认为在没有市场准入谈判的情况下，单独提及国内支持是不平衡的。美国还坚持要加强透明度，核心是通过透明度纪律约束中印等发展中大国。最为关键的是，美国已明确否定多哈授权，拒绝承认多哈以来达成的部长宣言、决定等谈判共识，只认可《农业协定》第20条作为谈判基础。印度则将达成PSH永久方案作为MC11在其他领域取得成果的前提，在国内支持方面，强调改革应首先从取消可集中在少数产品使用的扭曲程度最高的AMS开始，反对将不同性质措施混合进行总体上限约束。印度在确认美国不接受达成永久方案后拒绝讨论其他议题。巴西、澳大利亚、阿根廷均对PSH永久方案可能导致更多扭曲表示担心，同时希望在MC11收获国内支持议题。巴西还表示国内支持议题有所收获是其政治红线，并试图将卫生与植物卫生议题（SPS）纳入农业工作计划。欧盟要求PSH有更高的透明度，并与国内支持挂钩。在国内支持方面，欧盟认为微量允许和AMS同样扭曲，但蓝箱扭曲程度小，应鼓励黄箱转蓝箱。

在全体成员参加的农业全会难以取得一致的情况下，农业谈判协调人肯尼亚外长阿明娜与七方核心成员（美国、欧盟、澳大利亚、中国、印度、巴西、阿根廷）就农业议题各自关注进行一对一沟通，在此基础上召集七方小范围磋商，就部长决定草案进行讨论。由于各方分歧严重，阿明娜放弃部长决定，代之以简单的工作计划，重申《农业协定》及上一届内罗毕部长决定确立的基本原则，并授权农委会继续就包括棉花在内的农业议题开展谈判。

工作计划经小范围磋商小幅调整后，在全会获得绝大多数成员认可，但美国在最后时刻提出反对，表示不接受农业工作计划，导致MC11未达成任何农业成果。

美国坚决否定多哈授权，导致本次会议农业谈判无果而终。尽管农业谈判在MC11难以取得实质性成果在多数成员预期之内，但连非约束性的工作计划都未达成则出乎意料，令包括主办国阿根廷在内的广大成员大感失望。

**（三）WTO 农业谈判前景堪忧**

当前，全球经济仍处于金融危机后的深度调整期，逆全球化趋势在一定范围内蔓延，以推动贸易自由化为主要目标的世贸组织多哈回合谈判，由于缺乏必要的政治经济环境而动力不足。农业向来是各国保护重点和多哈回合谈判难点，因而 WTO 农业谈判更加困难、前景更不明朗。

近年来，双边和区域贸易自由化蓬勃发展已在客观上弱化了以 WTO 为代表的多边贸易体制及多边贸易谈判，而美国因素使局面雪上加霜。长期以来，美国对于难以在 WTO 获取现实利益表示不满。金融危机后，美国否定多哈授权和既有共识的意图愈加明显，试图另起炉灶。特朗普上台后，美贸易政策更加凸显保护主义和内顾色彩，屡屡挑战各种多边机制，拟借多哈陷入僵局之机，重新修改 WTO 规则，改变“不公平”贸易现状。总体来看，近年来多边贸易体制建设停滞不前，谈判步履维艰，其中农业贸易谈判面临失败的险境。

从 MC11 来看，成员对于 WTO 未来方向分歧严重，农业谈判前景不明。上一届内罗毕会议部长宣言已反映出成员对于农业谈判是否坚持多哈授权立场迥异，而 MC11 上两种力量彻底摊牌，美国已宣示放弃多哈，表示将“重新设置”（RESET）农业谈判，不仅否认现有成果，连现有谈判框架也一并抛弃。以中国、印度和印度尼西亚等 G33 成员为代表的拥有大量小规模生计型农户的发展中成员，则坚持以多哈发展授权和已达成的部长决定和模式案文等共识为基础推进谈判。两种路线的分歧难以调和，在 MC11 没有达成任何成果的情况下，未来的农业谈判究竟依据何种授权、议题构成以及在什么范围内开展，均存在极大不确定性，多边贸易体制将面临何去何从的艰难抉择。

## 自由贸易区谈判

**（一）概述**

2017 年，中国自由贸易区建设继续呈稳步增长、全面铺开和高密度推进的总体态势。5 月，与格鲁吉亚签署《中华人民共和国政府和格鲁吉亚政府自由贸易协定》；11 月，与智利签署《中华人民共和国政府与智利共和国政府关于修订〈自由贸易协定〉及〈自由贸易协定关于服务贸易的补充协定〉的议定书》；12 月，与马尔代夫签署《中华人民共和国政府和马尔代夫共和国政府自由贸易协定》。年内，正式启动了中国—毛里求斯自由贸易协定谈判和中国—摩尔多瓦自由贸易协定谈判；先后启动了中国—瑞士自由贸易协定升级联合可行性研究、中国—蒙古自由贸易协定联合可行性研究、欧亚经济伙伴关系协定联合可行性研究和中国—巴勒斯坦自由贸易协定联合可行性研究；继续开展区域全面经济伙伴关系协定（RCEP）和中日韩自贸协定两大区域性自贸谈判，与以色列、挪威等国开展双边自贸协定谈判，与巴基斯坦开展中巴自贸区第二阶段谈判，以及与新西兰开展中新自贸区升级谈判。

截至2017年底，中国已与东盟、智利、巴基斯坦、新西兰、新加坡、秘鲁、哥斯达黎加、冰岛、瑞士、韩国、澳大利亚、格鲁吉亚、马尔代夫等13个经济体签署了双边或区域自贸协定；与中国香港、中国澳门分别签署了“更紧密经贸关系安排”（CEPA）；与中国台湾签署了“海峡两岸经济合作框架协议”（ECFA）。2017年，中国（大陆）与上述已生效自贸伙伴间的农产品贸易额合计600.1亿美元，占当年农产品贸易总额的29.8%。

**1. 正在谈判的自贸区**

“区域全面经济伙伴关系协定”（RCEP）2012年11月启动谈判，成员包括东盟10国、中国、日本、韩国、澳大利亚、新西兰和印度共16个，人口约占全球50%，国内生产总值、贸易额、吸引外资均接近全球1/3。2017年开展了第17～20轮谈判，并举行了两次部长级会议。

中日韩自贸协定谈判2012年11月启动，2017年1月和4月分别开展了第11轮和第12轮谈判，三方就推动货物贸易、服务贸易、投资等议题深入交换了意见。

中国与智利自贸协定升级谈判2016年11月启动后，2017年7月和8月分别开展了第2轮和第3轮升级谈判；11月双方正式签署《中华人民共和国政府与智利共和国政府关于修订〈自由贸易协定〉及〈自由贸易协定关于服务贸易的补充协议〉的议定书》，这是中国继中国—东盟自贸区升级后达成的第二个双边自贸升级协定。

中国与马尔代夫自贸协定谈判启动于2015年9月。2017年3月双方举行第5轮谈判，对货物贸易、服务贸易和投资等领域相关问题深入交换了意见；9月实质性结束了谈判；11月正式签署《中华人民共和国政府和马尔代夫共和国政府自由贸易协定》。

中国—以色列自贸协定谈判2016年启动并开展首轮谈判后，2017年7月和11月分别举行了第2轮和第3轮谈判，就货物贸易、服务贸易、原产地规则及海关程序、卫生与植物卫生等议题展开了磋商。

中国与挪威自贸协定谈判2008年9月启动，2010年9月举行第8轮谈判后停滞。2017年4月，两国签署了《关于恢复中华人民共和国政府和挪威王国政府自由贸易协定谈判的谅解备忘录》并宣布谈判重启，双方于8月开展了第9轮谈判。

中国与巴基斯坦自由贸易协定于2007年生效后，2011年启动第二阶段降税谈判。2017年9月双方开展了第二阶段第8轮谈判，就货物贸易、服务贸易及协定实施相关议题进行了磋商。

中国与斯里兰卡自贸协定谈判2014年9月启动后，2017年1月和3月，双方分别开展了第5轮和第6轮谈判，就货物贸易、服务贸易、投资、经济技术合作和原产地规则等议题继续交换意见。

中国与海湾合作委员会（成员为阿拉伯联合酋长国、阿曼、巴林、卡塔尔、科威特和沙特阿拉伯6国，简称“海合会”）自贸协定谈判2004年7月启动，至2016年共开展了9轮。2017年，因海合会方面原因，谈判停滞。

**2. 宣布启动谈判的自贸区**

2017年12月，中国与毛里求斯签署了《关于启动中国—毛里求斯自由贸易协定谈判的谅解备忘录》，正式启动中毛自贸协定谈判；同月中国与摩尔多瓦共和国签署了《关于启动中国—摩尔多瓦自由贸易协定谈判的谅解备忘录》，正式启动中摩自贸协定谈判。

**3. 处于可行性研究的自贸区**

中国—加拿大自贸协定联合可行性研究暨探索性讨论2016年启动后，2017年2月至9月，双方先后举行了4次会议，就联合可研报告和各自对未来自贸协定的预期深入交换了意见。

1月，中国—瑞士自贸区升级联合研究启动，5月举行了首次会议，双方就可能升级的领域进行广泛交流，并通过了联合研究职责范围文件。

5月，中国与蒙古签署《关于启动中国—蒙古自由贸易协定联合可行性研究的谅解备忘录》，启动双边自贸协定联合可研。双方同意成立工作组制定研究准则及工作计划，聚焦双方有共同利益的领域开展研究。

11月，中国与巴勒斯坦签署《关于启动中国—巴勒斯坦自由贸易协定联合可行性研究的谅解备忘录》，启动双边自贸区建设进程。

## （二）中国与自贸区伙伴农产品贸易情况

**1. 中国—东盟自贸区**

受自贸区降税和需求拉动影响，中国与东盟农产品贸易发展迅速，2003—2017年贸易总额年均增长14.3%，高于同期中国对全球12.2%的增速。2017年双边农产品贸易总额326.5亿美元，比上年增长7.4%。其中，中国出口158.6亿美元，增长3%；进口167.8亿美元，增长12%；贸易平衡由上年的顺差转为逆差9.2亿美元。东盟为中国农产品第一大出口市场和第三大进口来源地。

从贸易结构看，对东盟出口以蔬菜、温带水果、水产品和制成食品等劳动密集型农产品为主。2017年，蔬菜、水果和水产品分别占中国对东盟农产品出口总额的28.4%、19.8%和17.2%。进口以棕榈油、热带水果和大米为主，分别占中国自东盟农产品进口总额的20.8%、15.9%和10.5%。

**2. 中国—智利自贸区**

中国与智利自贸协定2006年生效，2006—2017年双边农产品贸易额年均增长18.9%。2017年双边农产品贸易额25.1亿美元，比上年下降3.7%。其中，中国出口2.9亿美元，下降2.8%；进口22.2亿美元，下降3.8%；贸易逆差比上年缩小4%。

从贸易结构看，中国自智利主要进口水果、水产品和葡萄酒。2017年，中国自智利进口水果10.3亿美元，占自智利农产品进口额的46.7%，其中，樱桃占水果进口总额的52.7%，葡萄占21.4%；进口水产品 6 亿美元，占自智利农产品进口额的 27%，其中，鲑鱼占水产品进口总额的 19.3%，饲用鱼粉占 16.6%；进口葡萄酒 3.3 亿美元，占自智利农产品进口额的 14.8%。对智利出口主要是水产品，2017 年出口额 1.4 亿美元，占对智利农产品出口额的 48.6%，其中对虾占水产品出口总额的 28.7%。

**3. 中国—巴基斯坦自贸区**

中国与巴基斯坦自贸协定 2007 年生效，2007—2017 年双边农产品贸易总额年均增长 12.7%。2017 年双边农产品贸易额 6.1 亿美元，比上年下降 15.7%。其中，中国出口 3.5 亿美元，增长 2.8%；进口 2.7 亿美元，下降 31.7%；贸易平衡由上年的逆差转为顺差 7 888.1 万美元。

从贸易结构看，中国农产品出口主要是蔬菜，2017 年出口额 1.1 亿美元，占对巴农产品出口额的 30.3%；其次为水果、坚果和谷物，分别占 8.6%、6.9%和 6.3%。进口主要为谷物（大米）、水产品和坚果，分别占自巴农产品进口总额的 35%、32.7%和 17.2%。目前巴基斯坦是中国大米第三大进口来源地，自巴大米进口量 27.3 万吨，占自全球大米进口总量的 6.9%。

**4. 中国—新西兰自贸区**

中国与新西兰自贸协定 2008 年生效。2008—2017 年双边农产品贸易额年均增长 20%。2017 年，双边农产品贸易额 62 亿美元，比上年增长 32%。其中，中国出口 2 亿美元，增长 3.6%；进口 60 亿美元，增长 33.2%；贸易逆差比上年扩大 34.5%。

从贸易结构看，中国进口产品主要是畜产品、水产品和水果，其中乳制品尤其是奶粉最多。2017 年，中国自新西兰奶粉进口 59.7 万吨，比 2008 年增加 10.7 倍，年均增长 31.5%；新西兰继续保持中国奶粉第一大进口来源国地位，自新奶粉进口占自全球奶粉进口一半以上。进口羊肉 5.4 亿美元，占自新西兰农产品进口总额的 9%。

由于新西兰动植物检验检疫措施严格和市场容量有限，中国蔬菜和水果等出口优势产品潜力无法充分发挥。2008—2017 年，中国水果和蔬菜对全球出口额分别增长 67.2%和 1.4 倍，而同期对新西兰出口额分别下降 28.3%和增长 1 倍，明显低于对全球出口增幅。

**5. 中国—秘鲁自贸区**

中国与秘鲁自贸协定 2010 年 3 月实施。2010—2017 年，双边农产品贸易总额年均增长 6.8%。2017 年，双边农产品贸易额 18.4 亿美元，比上年增长 62.1%。其中，中国出口 9 115 万美元，增长 11.4%；进口 17.5 亿美元，增长 66%；贸易逆差比上年扩大 70.6%。

从贸易结构看，中国自秘鲁进口的农产品主要是水产品和水果，高度集中在饲料用鱼粉和葡萄上。2017 年，自秘进口饲料用鱼粉 12.9 亿美元，占自秘鲁农产品进口总额的 73.4%；秘鲁是中国饲料用鱼粉最大进口来源，占中国自全球进口的 60%左右。

进口葡萄1.3亿美元，占自秘鲁农产品进口总额的7.7%。对秘鲁出口农产品主要包括水产品和糖料及糖，2017年出口额分别为2 468.5万美元和1 002.6万美元，分别占对秘鲁农产品出口额的27.1%和11%。

**6. 中国—哥斯达黎加自贸区**

中国与哥斯达黎加自贸协定2011年8月生效。2011—2017年，双边农产品贸易总额年均增长17.3%。2017年，双边农产品贸易额1.7亿美元，比上年增长55.5%。其中，中国出口6 375.9万美元，增长5.9%；进口1亿美元，增加1.2倍；贸易平衡由上年的顺差转为逆差3 990.4万美元。

从贸易结构看，中国进口农产品主要是畜产品（动物生皮）、食糖和水果，自哥进口额分别为4 120.5万美元、2 160.8万美元和1 693.2万美元，分别占自哥农产品进口总额的39.7%、20.8%和16.3%。中国出口的农产品主要是水产品、蔬菜和干豆，合计占对哥农产品出口额的83.2%。水产品出口2 624.6万美元，占41.2%。其中，罗非鱼占水产品出口总额的62.4%。蔬菜出口额1 709.6万美元，占26.8%。其中，大蒜占蔬菜出口总额47.2%，蘑菇占28.2%。干芸豆出口额967.2万美元，占对哥农产品出口额的19.6%。

**7. 中国—冰岛自贸区**

中国与冰岛自贸协定2014年7月生效。2014—2017年，双边农产品贸易总额年均增长23.2%。2017年，双边农产品贸易额9 397.6万美元，比上年增长10.4%。其中，中国出口142.2万美元，下降77.6%；进口9 255.4万美元，增长17.5%；贸易逆差比上年扩大25.9%。

从贸易结构看，双方贸易产品比较集中。中国自冰岛农产品进口几乎全部是水产品，2017年水产品进口额9 196.5万美元，占自冰岛农产品进口总额的99.4%。其中，鲭鱼占水产品进口总额的18.1%。出口也集中在水产品，2017年出口额90.1万美元，占对冰岛农产品出口总额的63.4%。其中，墨鱼和鱿鱼占水产品出口额的82.4%。

**8. 中国—瑞士自贸区**

中国与瑞士自贸协定2014年7月正式实施。2014—2017年双边农产品贸易额年均增长13.1%。2017年，双边农产品贸易额2.4亿美元，比上年增长15.7%。其中，中国出口4 024.8万美元，下降12.9%；进口2亿美元，增长23.5%；贸易逆差比上年扩大38.3%。

从贸易结构看，中国进口农产品相对集中，出口农产品则较分散。中国自瑞进口农产品主要是畜产品和饮品类（高度集中在婴幼儿配方奶粉和可可制品），2017年进口额分别为10.1亿美元和2 970.3万美元，分别占自瑞农产品进口额的51.5%和15%。出口主要有饮品类（以烈性酒和咖啡为主）、蔬菜、畜产品（肠衣）和水产品等，分别占对瑞农产品出口总额的25.8%、20%、9.6%和6.4%。

**9. 中国—澳大利亚自贸区**

中国与澳大利亚自贸协定 2015 年 12 月生效。2017 年，双边农产品贸易额 100.1 亿美元，比上年增长 30.3%。其中，中国出口 10.1 亿美元，增长 2.3%；进口 90 亿美元，增长 34.4%。对澳农产品贸易逆差比上年扩大 39.9%。

从贸易结构看，中国自澳进口农产品主要是畜产品（羊毛、牛肉、乳制品等）、谷物（大麦）和饮品类（葡萄酒），三类产品合计占自澳农产品进口总额的 77.4%。其中，自澳奶粉进口 6.6 万吨，增长 53%，占自全球奶粉进口的 6.4%，澳是中国奶粉第三大进口来源地。自澳大麦进口 648 万吨，增长 99.3%，占自全球大麦进口的四分之三左右，澳是中国大麦最大进口来源地。自澳柑桔进口 7.6 万吨，增长 70.1%。自澳葡萄酒进口 1.4 亿升，增长 37.5%。中国对澳出口农产品较为分散，主要是水产品、蔬菜、饮品类、粮食制品和水果，2017 年出口额分别为 3.1 亿美元、1.1 亿美元、9 267.8 万美元、8 134 万美元和 6 274.7 万美元，分别占对澳农产品出口总额的 31.1%、11.4%、9.2%、8.1%和 6.2%。

**10. 中国—韩国自贸区**

中国与韩国自贸协定 2015 年 12 月生效。2017 年，双边农产品贸易额 57 亿美元，比上年增长 0.2%。其中，中国出口 47.7 亿美元，增长 2%；进口 9.3 亿美元，下降 8.4%；贸易顺差比上年扩大 4.9%。

从贸易结构看，中国从韩国农产品进口较为分散，出口则相对集中。2017 年，自韩进口农产品主要有水产品、粮食制品、饮品类、糖料及糖和畜产品，合计占自韩农产品进口总额的 72.5%。中国对韩出口农产品集中在水产品和蔬菜，合计占对韩农产品出口总额的 61.4%。其中，水产品出口额 15.9 亿美元，下降 3.4%；蔬菜 13.4 亿美元，增长 8.7%。

# 农业贸易救济

## 农业产业损害监测预警

自2007年农业产业损害监测预警体系（以下简称监测预警体系）启动试点以来，经过十年的完善，体系管理不断强化，监测内容不断充实，科学性、客观性和代表性不断提升，体系建设取得明显成效，由此带动中国农业贸易救济工作迈上新台阶。

强化各方协调，保障贸易救济案件调查顺利开展。2017年，商务部对原产于美国的进口干玉米酒糟征收反倾销税和反补贴税，对进口食糖实施保障措施，对原产于欧盟的进口马铃薯淀粉所适用的反补贴措施进行期终复审调查，对原产于巴西的进口白羽肉鸡产品进行反倾销立案调查。在相关部门指导协调下，农业产业损害监测预警体系提供了大量基础数据和一手资料，保障了立案调查、听证和实地核查等多项工作扎实有效开展。

深化调查研究，积极应对农产品出口贸易摩擦。2017年，农业部农业贸易促进中心调研组先后赴广西、安徽、黑龙江、内蒙古、广东和湖南等省（自治区）调研农产品出口发展情况及遭遇的技术壁垒等，各监测预警体系成员单位也开展了深入细致的实地调研，积极反映农产品出口企业合理诉求，为突破农产品出口瓶颈、应对出口贸易摩擦提供了技术支撑。

明确监测分析重点，深入开展产业损害监测预警分析。2017年，农业产业损害监测预警体系进一步明确了监测分析重点，针对社会反映强烈的热点问题加强调研。与商务部、中国贸易促进总会和中国大豆产业协会等组成联合调研组赴安徽、黑龙江和内蒙古开展大豆产业损害调研；完成棉纱、玉米、油菜、乳业、大豆等重点产业的损害分析报告。上述工作引起农业部、商务部等主管部委的高度重视，在推动出台相关政策措施方面发挥了重要作用。各项目省区大多建立了监测分析报告制度，年度和即时性报告相结合的报告制度继续巩固。数据报送工作取得较大进步，很多地方还建立了数据台账。

## 农业贸易摩擦

### （一）进口调查

**1. 中国决定对原产于美国的进口干玉米酒糟征收反倾销、反补贴税**

根据中国对原产于美国的进口干玉米酒糟进行的反倾销、反补贴调查最终裁定结果，1月11日，商务部发布2016年第79、80号公告，决定自2017年1月12日起，对原产于美国的进口干玉米酒糟征收反倾销税，实施期限5年，反倾销税税率为42.2%～53.7%；对原产于美国的进口干玉米酒糟征收反补贴税，实施期限5年，反补贴税税率为11.2%～12%。

**2. 中国决定对进口食糖产品实施保障措施**

5月26日，商务部发布2017年第26号公告，决定对进口食糖产品实施保障措施。保障措施采取对关税配额外进口食糖征收保障措施关税的方式，实施期限为3年，自2017年5月22日至2020年5月21日，实施期间措施逐步放宽。2017年5月22日至2018年5月21日，保障措施关税税率为45%；2018年5月22日至2019年5月21日，保障措施关税税率为40%；2019年5月22日至2020年5月21日，保障措施关税税率为35%。

**3. 中国对原产于巴西的进口白羽肉鸡产品进行反倾销立案调查**

6月28日，商务部收到中国畜牧业协会代表国内白羽肉鸡产业正式提交的反倾销调查申请，申请人请求对原产于巴西的进口白羽肉鸡产品进行反倾销调查。8月18日，商务部发布2017年第39号公告，决定对原产于巴西的白羽肉鸡产品进行反倾销立案调查。本次调查确定的倾销调查期为2016年4月1日至2017年3月31日，产业损害调查期为2013年1月1日至2017年3月31日。

**4. 中国对欧盟马铃薯淀粉继续征收反补贴税**

9月15日，商务部发布2017年第38号公告，根据中国对原产于欧盟的进口马铃薯淀粉进行的反补贴措施期终复审调查结果，决定自2017年9月16日起，对原产于欧盟的进口马铃薯淀粉继续征收反补贴税，实施期限5年。

### （二）出口应诉

**1. 墨西哥对原产于中国的落叶松蕈作出第二次反倾销日落复审终裁**

2017年4月3日，墨西哥经济部发布公告，对原产自中国和智利的落叶松蕈做出第二次反倾销日落复审终裁，决定自2016年5月18日起的5年内继续对中国涉案产品征收反倾销税；对自智利进口的涉案产品取消反倾销措施。

**2. 美国国际贸易委员会对原产于中国等国的冷冻暖水虾作出第二次反倾销日落复

审产业损害终裁

2017 年 5 月 2 日，美国国际贸易委员会发布公告，对进口自中国、印度、泰国和越南的冷冻暖水虾作出反倾销日落复审产业损害肯定性终裁，继续维持对进口自中国、印度、泰国和越南冷冻暖水虾的反倾销措施不变；但对自巴西进口的冷冻暖水虾作出反倾销日落复审产业损害否定性终裁，美国商务部据此取消自巴西进口的冷冻暖水虾反倾销措施。

**3. 新西兰对原产于中国的桃罐头进行第二次反倾销日落复审立案调查**

2017 年 7 月 18 日，新西兰商业、创新和就业部发布公告，应新西兰国内唯一桃罐头生产商（HEINZ WATTIE'S LIMITED）的申请，新西兰对进口自中国的桃罐头进行反倾销日落复审立案调查，审查若取消现行反倾销措施，涉案产品进口对新西兰的倾销以及对其国内产业构成的实质性损害是否继续或再度发生，调查期为 2016 年 5 月 1 日至 2017 年 4 月 30 日。

**4. 美国国际贸易委员会对原产于中国的新鲜大蒜做出第四次反倾销日落复审产业损害终裁**

1994 年 2 月 28 日，美国商务部发布公告，对进口自中国的新鲜大蒜启动反倾销立案调查。1994 年 11 月 16 日，美国商务部发布对我涉案产品反倾销征税令。2001 年 3 月 13 日，美对我新鲜大蒜做出反倾销日落复审肯定性终裁，第一次延长对涉案产品的反倾销征税令；之后，美国分别于 2006 年 10 月 19 日和 2012 年 4 月 30 日第二次和第三次延长对涉案产品的反倾销征税令。2017 年 4 月 3 日，美国商务部发布公告，启动第四次反倾销日落复审立案调查。7 月 7 日，美国国际贸易委员会决定适用反倾销快速日落复审产业损害调查程序。8 月 7 日，美国商务部发布公告，做出第四次反倾销快速日落复审终裁。10 月 4 日，美国国际贸易委员会做出肯定性终裁，现行反倾销措施继续有效。

# 农业贸易促进行动

## 促销活动

2017年，农业部农业组织创新与产业融合发展项目（原农产品促销（出口促进）项目）专项资金400万元，支持农产品出口促进公共服务项目8个。

### （一）优势特色农产品海外推介

参加国际著名涉农展销会和推介会资金175万元，占项目资金的44%。针对重点省份、重点市场和重点产品，主要支持福建、新疆、宁夏等地40余家农产品销售和加工企业，赴马来西亚等东南亚传统出口市场以及中亚、中东和欧洲等新兴出口市场参加了8项国际涉农展会和农产品促销活动，效果显著。现场达成交易额380万美元，意向金额近2 000万美元。借助国际展会平台，企业了解了海外市场，拓宽了销售渠道，提高了国际竞争力。

### （二）农产品境外展示窗口建设、产品推介及广告宣传

开展境外展示窗口建设和宣传推介活动资金120万元，占项目资金的30%。支持浙江新洲国际贸易有限公司对中国农产品美国展示中心进行扩大升级，支持安徽富煌三珍食品集团有限公司在巴西中国特色农产品销售办事处的运行工作，同时支持两个境外窗口结合当地市场销售淡旺季特点组织了6场促销活动。美国、巴西展示窗口为近20个省150余家优质农业企业提供了境外产品推介平台，宣传推广了茶产品、海产品、食用菌、杂粮以及其他特色产品。“乌江”牌榨菜、“香飘飘”奶茶等诸多名牌产品通过上述平台进入美国终端市场，市场占有率显著增长。

### （三）优势农产品出口示范和品牌建设

开展优势农产品出口示范和品牌创建资金50万元，占项目资金的12.5%。支持辽宁省农业对外经济技术合作中心在俄罗斯、加拿大和欧盟等重点市场开展特色优势农产

品品牌推介和宣传；组织30余家农产品出口企业、上百名代表参加了美国亚洲食品展、莫斯科国际食品展；在温哥华和荷兰组织了农产品供需对接活动，推介产品100余种，与境外10多家采购商达成贸易意向，意向金额超过600万美元。参加展览和促销的企业90%以上为集种养殖、加工、贸易于一体的全产业链企业。通过这些活动，企业的品牌国际知名度和影响力得到提升，出口基地不断升级和扩大。

此外，在项目支持下，中国优质农产品开发服务协会举办了“2017品牌农业发展国际研讨会”，10个国际组织和26个国家与地区农业协会组织的代表、国内外相关专家学者、农业产业经营者共计300余人参会，围绕农业可持续发展与国际农业战略合作等主题开展研讨交流和寻求合作，会议同期还推介了苹果、普洱茶等国内外品牌产品。

## 农业贸易促进体系和队伍建设

### （一）农业贸易人才培训

农业部农业贸易促进中心在广西南宁举办了“2017农产品国际贸易经理及管理人员培训班”，来自17个农业主产省区的150余位学员参加了此次培训。其中，三分之二的学员来自农业企业，覆盖粮食、水果、蔬菜、食品、饮料、水产等产品生产与贸易及农业科技开发等领域。培训从宏观经济形势和贸易实务两方面着手，深入分析我国经济新常态下的农产品贸易问题，详细讲解农产品国外市场开拓、贸易摩擦应对等实务，并邀请当地知名企业介绍典型案例。

### （二）“一带一路”投资贸易培训

农业部农业贸易促进中心在河南驻马店举办了“2017‘一带一路’农产品加工业投资贸易培训班”，共培训了来自7个省份的农产品加工业管理部门和企业人员42名。培训课程安排了“一带一路”沿线国家投资贸易环境分析、我国农产品加工业发展现状介绍、国内农产品进出口相关政策解读三个板块，重点在开拓海外市场、培育产品品牌、提升企业竞争力方面组织学员进行了经验交流分享。

## 农业贸易信息服务

随着农产品市场信息化水平的提高及农业大数据等新型技术手段的实现，农业信息服务工作重要性日益凸显。2017年，作为农业贸易管理职能部门，农业贸易促进中心围绕农业部中心工作继续跟踪监测国内外农产品市场，持续提升对农业信息的采集、加工和分析水平，不断加强对农产品贸易形势的研判，对各级农业部门、涉农企业以及广大农民的信息公共服务质量不断提高，农业贸易信息服务工作迈上新台阶。

一是稳定提升信息服务产品质量。定期发布以周报、半月报、月报、季报和年度报告为基础的主要信息产品，内容涵盖农产品进出口形势、国内外大宗农产品价格监测、全球供需状况和贸易展望等方面，全年共编发110余期；编写出版了《2017中国农产品贸易发展报告》《国际农产品贸易统计年鉴（2017）》等研究成果。以农产品贸易信息动态监测体系为依托，为相关部门决策和业内研究提供及时有效的信息参考。

二是持续提高获取农业信息的智能化水平。着力打造特色便利和智能化的数据库资源，提高数据获取水平。一方面不断完善“国际农产品贸易和关税数据库系统”，提高了系统应用的便利性。另一方面，按时完成农业贸易促进中心内部网站整合及各数据库系统和填报系统整合并取得阶段性成果。按农业部确定的系统互联互通、业务协作协同、数据开放共享，网站实现“一窗口、一网站、一平台、一标准”的总体目标，以及农业部系统政务信息资源“一张图”，建成权威、集约、高效、便民的“网上农业部”要求，对农业贸易促进中心所属系统和网站进行了统一梳理，确定了“国际农产品贸易和关税数据库系统”挂靠农业部系统的国际合作板块、“农业产业损害监测预警体系信息采集系统”挂靠农业部系统的种植业板块、“农业展会分类认定网上申报管理系统”挂靠农业部系统的统计填报板块，并相应完成了数据资源目录结构化和非结构化的编制工作。

三是大力提高信息服务成果的转化力度。以中国农业外经外贸信息网为基础，及时更新网站栏目信息，向各级农业管理部门、企事业单位及科研院所等提供外经贸信息与数据服务。发布全面系统的农业谈判、贸易救济、政策变化等农业信息，充分展示中国国际农产品交易会、中国国际渔业博览会、中国国际薯业博览会、中国调味品展览会等展会信息和展会成果。加强农业贸易信息研究成果转化，并通过《农业贸易研究》《世界农业》《农产品市场周刊》等平台强化信息服务，取得良好成效。

# 附录

2018 中国农产品贸易发展报告

# 农产品分类和统计口径说明

本报告所指农产品是根据乌拉圭回合农业协议界定的农产品范围（HS 产品口径）加上水产品。包括谷物、棉麻丝、油籽、植物油、糖料及糖、饮品类、蔬菜、水果、畜产品和水产品等 20 大类，各大类产品涉及的 HS 编码如下：

## 表 62 各大类产品涉及的 4 位数 HS 编码

| 产品类别 | 产品税号 |
| --- | --- |
| 1. 谷物 | 1001—1008，1101—1104，1904 |
| 小麦产品 | 1001，1008，1101，1103，1904 |
| 稻谷产品 | 1006，1102，1103 |
| 玉米产品 | 1005，1102，1104 |
| 大麦产品 | 1003，1104 |
| 2. 棉麻丝 | 0511，1404，5001—5003，5201—5203，5301—5305 |
| 棉花 | 1404，5201—5203 |
| 麻类 | 5301—5305 |
| 蚕茧及丝 | 0511，5001—5003 |
| 其他植物纤维 | 5305 |
| 3. 油籽 | 1201，1202，1204—1208，2008 |
| 食用油籽 | 1201，1202，1204—1208，2008 |
| 非食用油籽 | 1207，1208 |

（续）

| 产品类别 | 产品税号 |
| --- | --- |
| 4. 植物油 | 1507—1515 |
| 食用植物油 | 1507—1512，1514，1515 |
| 其他植物油 | 1513，1515 |
| 5. 糖料及糖类 | 1209，1212，1701—1704 |
| 食糖 | 1701 |
| 6. 饮品类 | 0901—0903，1801—1806，2101，2201—2206，2208，2209 |
| 茶 | 0902，0903，2101 |
| 醋 | 2209 |
| 咖啡及制品 | 0901，2101 |
| 可可及制品 | 1801—1806 |
| 酒精及酒类 | 2203—2206，2208 |
| 无醇饮料 | 2201，2202 |
| 7. 蔬菜 | 0701—0712，0714，0904，0910，1207，1209，1212，2001—2005，2008，2009，2103 |
| 8. 水果 | 0801，0803—0814，1203，2006—2009，2106，2204 |
| 9. 坚果 | 0801，0802，0811，1207，1212，2008 |
| 10. 花卉 | 0601—0604 |
| 11. 饼粕 | 2304—2306 |
| 12. 干豆（不含大豆） | 0713，1106 |
| 13. 水产品 | 0106，0208，0210，0301—0308，0508，0511，1212，1504，1603—1605，2008，2301，2801，3913，7101 |
| 14. 畜产品 | 0101—0106，0201—0210，0401—0410，0502—0507，0510，0511，1501—1503，1505，1506，1601，1602，1901，2301，4101—4103，4301，5101—5103 |
| 15. 调味香料 | 0905—0910 |
| 16. 精油 | 3301 |
| 17. 粮食制品 | 1107—1109，1902—1905 |
| 18. 粮食（薯类） | 0714，1105 |
| 19. 药材 | 1211 |
| 20. 其他农产品 | 0501，0509，0602，1106，1108，1209—1214，1301，1302，1401—1404，1516—1522，1901，2008，2101—2106，2207，2302，2303，2307—2309，2401—2403，2905，3501—3505，3809，3823，3913 |

# 大 事 记

**1月**

1月1日，中国海关开始实施2017版《商品名称及编码协调制度》。

1月1日，中国开始实施《2017年关税调整方案》，降低婴幼儿配方奶粉、金枪鱼、北极虾、蔓越橘等多种食品的进口关税。

1月11日，商务部公布对原产于美国的干玉米酒糟反倾销及反补贴调查的最终裁定。裁定自1月12日起，对上述产品征收反倾销税及反补贴税，税率分别为42.2%～53.7%及11.2%～12.0%，征收期限为5年。

1月11日，中日韩自贸区第十一轮谈判在北京举行。

1月12日，中缅经济、贸易和技术联委会第四次会议在京召开。中方表示愿扩大对缅贸易投资规模，增加进口缅甸有竞争力的产品。缅方表示愿积极研究与中方开展发展战略对接，共同维护两国边贸健康有序发展。

1月13日，《亚太贸易协定》（以下简称《协定》）第四届部长级理事会在泰国曼谷举行。《协定》成员中国、印度、韩国、斯里兰卡、孟加拉国、老挝以及准备加入《协定》的蒙古均参会。会上发布了《部长宣言》，宣布结束第四轮关税减让谈判，争取于年内启动第五轮关税减让谈判及探讨在新领域进行合作的可能性；启动贸易便利化、投资和服务贸易领域的实质性谈判；欢迎蒙古尽早加入并推动《协定》继续扩员；同意成立《协定》工商协会。

1月17日，国务院印发《关于扩大对外开放积极利用外资若干措施的通知》，对进一步做好利用外资工作作出部署。

1月23日，美国总统特朗普签署行政命令，正式宣布美国退出跨太平洋伙伴关系协定（TPP）。

**2月**

2月21日，丝绸之路国际总商会与欧亚经济联盟实业家委员会签署了《欧亚丝路基金合作协议》和《欧亚丝路商品交易所合作协议》，计划设立欧亚丝路基金与欧亚丝路商品交易所。根据协议，双方同意共同发起设立欧亚丝路基金。该基金注册地在中国香港，总规模为50亿美元，将投向基础设施、能源交通、商贸物流、生态农业和人文交流等领域。

2月22日，世贸组织《贸易便利化协定》正式生效，国际贸易程序将更趋简化和协调，货物流动、放行和结关速度将进一步加快，推动全球贸易和经济增长。

2月22日，质检总局发布《关于进一步规范和促进出口食品农产品企业内外销"同线同标同质"的公告》。"同线同标同质"是指出口企业的内外销产品在同一生产线、按相同的标准生产，从而达到相同的质量水平。

2月24日，质检总局发布公告，即日起允许从南非有条件进口符合中国检验检疫要求的带骨和剔骨牛肉。

2月27日，区域全面经济伙伴关系协定（RCEP）第17轮谈判在日本神户举行。

2月28日，质检总局发布公告，即日起允许符合《进口巴基斯坦菜籽粕检验检疫要求》的巴基斯坦菜籽粕进口。

**3月**

3月3日，农业部联合国家质检总局发布声明，解除对法国30月龄以下剔骨牛肉禁令。

3月23日，亚洲基础设施投资银行宣布其理事会已批准了13个新意向成员加入该行，成员总数扩展至70个。13个新成员包括阿富汗、亚美尼亚、斐济、中国香港、东帝汶、比利时、加拿大、埃塞俄比亚、匈牙利、爱尔兰、秘鲁、苏丹和委内瑞拉。

3月24日，中国与澳大利亚签署《关于审议中澳自由贸易协定有关内容的意向声明》，宣布将于年内启动中澳自贸协定服务章节、投资章节以及《关于投资便利化安排的谅解备忘录》的审议。

3月29日，英国宣布启动《里斯本条约》第50条，正式开启英国"脱欧"程序。

**4月**

4月7日，质检总局发布《关于中国香蕉出口新西兰和进口意大利柑橘植物检疫要求的公告》，即日起允许符合相关要求的中国香蕉向新西兰出口、符合相关要求的意大利柑橘输往中国。

4月18日，中国与爱尔兰签署《关于爱尔兰输华冷冻牛肉的检验检疫和兽医卫生要求议定书》，标志着爱尔兰牛肉产品可以进入中国市场。

4月20日，中国、白俄罗斯、德国、哈萨克斯坦、蒙古国、波兰和俄罗斯7国铁路部门签署了《关于深化中欧班列合作协议》，旨在提高亚欧间铁路货运市场份额、带动沿线国家经济发展和经贸合作。

4月23日，亚洲基础设施投资银行与世界银行签署谅解备忘录，加强两机构间的合作与知识共享。

4月25日，中国—新西兰自由贸易协定第一轮升级谈判在北京举行。双方围绕技术性贸易壁垒、海关程序与贸易便利化、原产地规则、服务贸易、竞争政策、电子商务、农业合作、环境和政府采购等议题展开磋商。

**5 月**

5 月 12 日，中国与蒙古签署《中华人民共和国商务部和蒙古国对外关系部关于启动中国—蒙古自由贸易协定联合可行性研究的谅解备忘录》，宣布启动自贸协定联合可行性研究。

5 月 13 日，中国与格鲁吉亚签署《中华人民共和国政府和格鲁吉亚政府自由贸易协定》。

5 月 15 日，“一带一路”国际合作高峰论坛成果清单发布，涵盖了政策沟通、设施联通、贸易畅通、资金融通、民心相通 5 大类，共 76 大项，270 多项具体成果。

5 月 18 日，中国—瑞士自贸区升级联合研究第一次会议暨产业研讨会在瑞士伯尔尼举行。

5 月 21 日，《区域全面经济伙伴关系协定》(RCEP) 部长级会议在越南河内举行。

5 月 22 日，商务部发布公告，对进口食糖产品实施保障措施，对关税配额外进口食糖征收保障措施关税，实施期为 3 年。2017 年 5 月 22 日至 2018 年 5 月 21 日，保障措施关税税率为 45%；2018 年 5 月 22 日至 2019 年 5 月 21 日，税率为 40%；2019 年 5 月 22 日至 2020 年 5 月 21 日，税率为 35%。

5 月 26 日，中国获准再次向美国出口虾类，共 40 家贸易商（包括香港）获批。

**6 月**

6 月 12 日，海关总署发布《关于公布 2017 年 7 月 1 日起新增香港澳门享受零关税货物原产地标准及相关事宜的公告》。

6 月 15 日，中国认证认可监督管理委员会（CNCA）与美国食品药品管理局（FDA）签署谅解备忘录，由代表 FDA 的第三方认证机构对美国的乳制品生产商进行审核，以保证其产品达到中国对进口乳制品的食品安全要求。美国乳制品出口协会称，备忘录的签署将有助于增加美国对华乳制品出口。

6 月 16 日，国务院办公厅印发《自由贸易试验区外商投资准入特别管理措施（负面清单）(2017 年版)》，进一步放宽外商投资准入。

6 月 16 日，第七届金砖国家农业部长会议在江苏南京召开，中国、巴西、俄罗斯、印度和南非 5 国农业部和联合国粮农组织、世界粮食计划署、国际农发基金等国际组织出席。会议通过了《第七届金砖国家农业部长会议共同宣言》和《金砖国家农业合作行动计划 (2017—2020)》。

6 月 20 日，质检总局发布《关于进口美国牛肉检验检疫要求的公告》，允许进口美国牛肉。

6 月 28 日，商务部与香港特区政府签署了内地与香港《CEPA 投资协议》和《CEPA 经济技术合作协议》。两个协议自签署之日起生效，其中《CEPA 投资协议》将于 2018 年 1 月 1 日起正式实施。

6 月 28 日，国家发展和改革委员会、商务部发布《外商投资产业指导目录（2017 年修订）》，自 2017 年 7 月 28 日起施行。

6 月 28 日，海关总署发布《关于推进全国海关通关一体化改革的公告》。

6 月 30 日，首批出口中国的新西兰冰鲜肉启程运往中国。这是中新两国政府今年 3 月就冰鲜肉出口达成协议后，新西兰冰鲜肉首次进入中国市场。

**7 月**

7 月 4 日，中国与俄罗斯签署《中华人民共和国商务部与俄罗斯联邦经济发展部关于欧亚经济伙伴关系协定联合可行性研究的联合声明》，决定开展欧亚经济伙伴关系协定的可行性研究工作。

7 月 4 日，中国与俄罗斯签署《中华人民共和国农业部和俄罗斯联邦农业部关于进一步加强农业合作的谅解备忘录》，双方将深化在农业科技、农业投资贸易、动物卫生和植物疫病防控等领域的全方位务实合作。

7 月 19 日，首轮中美全面经济对话在美国华盛顿举行。对话期间就美国大米输华检验检疫要求达成一致，首次允许美国向中国出口大米。

7 月 21 日，中日韩加强供应链互联互通合作研讨会暨第五届工商界交流会于青岛举行。

7 月 25 日，国家质检总局更新《符合评估审查要求的国家或地区输华肉类产品名单》，暂停受理澳大利亚 6 家企业冷冻牛肉、冰鲜牛肉的进口报检，原因是其肉类标签不合规。

**8 月**

8 月 14 日，商务部、海关总署发布《关于执行联合国安理会第 2371 号决议的公告》，自 8 月 15 日起禁止自朝鲜进口水产品。

8 月 18 日，商务部发布公告，对原产于巴西的进口白羽肉鸡产品进行反倾销立案调查。

8 月 22 日，中国—印尼高层经济对话第三次会议在北京举行。会议认为要继续深入对接中方“21 世纪海上丝绸之路”倡议和印尼“全球海洋支点”构想，共同推动双方经贸合作不断深入发展。

8 月 25 日，丝绸之路商务理事会中国委员会成立，将从政策、实操、金融和法律等方面为企业开拓国际市场提供服务。

**9 月**

9 月 1 日，第十一届中国—东北亚博览会暨第九届东北亚合作高层论坛开幕。

9 月 3 日，中国国家主席习近平在厦门出席金砖国家工商论坛开幕式，并发表题为《共同开创金砖合作第二个“金色十年”》的主旨演讲。

9 月 4 日，中国与其他金砖国家共同签署《金砖国家经贸合作行动纲领》。

9 月 4 日，2017 年中国—阿拉伯国家农业合作论坛在银川举办。

9 月 6 日，2017 中国—阿拉伯国家博览会在宁夏银川开幕。

9月10日，区域全面经济伙伴关系协定（RCEP）第5次部长级会议在菲律宾马尼拉举行。

9月11日，首届"一带一路"（东盟）农业投资合作论坛在广西南宁召开。

9月15日，商务部发布公告，自2017年9月16日起，对原产于欧盟的进口马铃薯淀粉继续征收反补贴税，实施期限5年。

9月16日，中国与马尔代夫签署《关于结束中国—马尔代夫自由贸易协定谈判的谅解备忘录》。根据中马自贸协定，两国间95%以上的货物贸易产品将实现零关税，双方还就金融、医疗、旅游等服务行业做出市场开放承诺。

9月27日，《亚太贸易协定》（以下简称《协定》）第51次常委会在斯里兰卡举行。《协定》6个成员中国、孟加拉国、印度、老挝、韩国、斯里兰卡均派团出席会议，就系列问题进行了深入磋商。其中包括第四轮关税减让谈判成果正式生效时间；开展贸易便利化、投资、服务贸易领域实质性谈判；启动第五轮关税减让谈判及向世贸组织通报第四轮关税减让成果；修改海关原产地证书格式及操作程序。

**10月**

10月1日，中国与欧亚经济委员会签署了《关于实质性结束中国与欧亚经济联盟经贸合作协议谈判的联合声明》。协议的达成将减少非关税贸易壁垒，提高贸易便利化水平，促进中国与欧亚经济联盟及其成员国（目前包括俄罗斯、白俄罗斯、哈萨克斯坦、亚美尼亚、吉尔吉斯斯坦）经贸关系深入发展。

10月30日，《中华人民共和国农业部与塞拉利昂共和国海洋资源与渔业部关于渔业合作谅解备忘录》签署。

**11月**

11月9日，中国与澳大利亚签署多份水果检疫要求双边协议，互相进一步开放新品种水果的市场准入，并对此前已签署的部分水果双边议定书进行修订。中国桃、李、杏获准对澳大利亚出口。澳方不再对中国输澳苹果和梨强制要求在种植过程中套袋，并降低了对中国输澳水果的检疫处理指标要求。

11月10日，亚太经济合作组织会议（APEC）在越南举行，会议坚持了贸易投资自由化和便利化的方向，与会各方在跨境电子商务、互联互通、服务贸易等诸多领域达成合作共识。

11月11日，中国与智利结束自贸区升级谈判，签署《中华人民共和国政府与智利共和国政府关于修订〈自由贸易协定〉及〈自由贸易协定关于服务贸易的补充协定〉的议定书》。

11月14日，第20次东盟与中日韩（10+3）领导人会议在菲律宾马尼拉举行，会议通过成果文件《10+3领导人关于粮食安全合作的声明》和《关于10+3合作20周年的马尼拉宣言》。

11月16日，中韩渔业联合委员会第十七届年会在重庆举行。双方对2018年两国专属经济区管理水域对方国入渔安排等问题进行了谈判并达成共识。

11 月 27 日，中国—新西兰自由贸易协定第三轮升级谈判在新西兰举行。

11 月 28 日，中国—以色列自贸区第三轮谈判在以色列举行。双方就货物贸易、服务贸易、原产地规则及海关程序、卫生与植物卫生、经济技术合作、电子商务、争端解决等议题展开磋商。

11 月 30 日，中国与巴勒斯坦启动中巴自由贸易协定联合可行性研究。

**12 月**

12 月 1 日，中国 187 项消费品进口关税集中下调，平均税率由 17.3% 降至 7.7%，部分商品的进口关税下降了 22 个百分点。此次降税主要涉及两大类消费品：一类是国内无法大量生产却又广受市场欢迎的特色食品，如甜虾、鲍鱼和鳄梨等；另一类是满足刚性需求的民生类消费品，如特殊配方婴儿奶粉、海豹油和抗癌药物等。

12 月 5 日，中国新加坡投资促进委员会第 5 次联席会议在北京召开。

12 月 5 日，中国与乌克兰签署《中国—乌克兰农业投资合作规划》。

12 月 7 日，中国与马尔代夫签署《中华人民共和国政府和马尔代夫共和国政府自由贸易协定》。

12 月 10 日，两年一度的世界贸易组织（WTO）第 11 届部长级会议在阿根廷首都布宜诺斯艾利斯开幕。中国明确表达了坚定支持以 WTO 为代表的多边贸易体制的立场。

12 月 11 日，第四届中非农业合作研讨会在海南省海口市召开。

12 月 12 日，中国与毛里求斯签署了《关于启动中国—毛里求斯自由贸易协定谈判的谅解备忘录》，双方宣布正式启动中毛自贸协定谈判。

12 月 16 日，第九次中英经济财金对话在北京举行。双方就宏观经济形势、贸易投资、产业战略、金融改革与发展、“一带一路”合作等进行深入讨论，就深化经济财金合作达成新共识，共达成 72 项成果。

12 月 18 日，农业部联合国家质检总局发布声明，解除对意大利 30 月龄以下剔骨牛肉禁令。

12 月 18 日，商务部与澳门特区政府签署了内地与澳门《CEPA 投资协议》和《CEPA 经济技术合作协议》。两个协议自签署之日起生效，其中《CEPA 投资协议》将于 2018 年 1 月 1 日起正式实施。

12 月 26 日，质检总局决定对 137 家进口食品企业加严监管。原因是这些企业出现了《进口食品不良记录管理实施细则》规定的列入《进口食品化妆品安全风险预警通告》的状况。所涉企业包括进口商 48 家、境外生产企业 47 家、境外出口商 42 家。上述企业在再次进口相关产品时，应提供相应检测报告或合格证明材料。

12 月 28 日，中国与摩尔多瓦签署《中华人民共和国商务部和摩尔多瓦共和国经济与基础设施部关于启动中国—摩尔多瓦自由贸易协定谈判的谅解备忘录》，正式启动中摩自贸协定谈判。

# 附　　表

## 附表 1　1995—2017 年中国农产品贸易情况

单位：亿美元、%

| 年　份 | 贸易额 | | | | 比上年增长 | | |
|---|---|---|---|---|---|---|---|
| | 进出口总额 | 出口额 | 进口额 | 贸易差额 * | 进出口 | 出　口 | 进　口 |
| 1995 | 268.7 | 146.9 | 121.8 | 25.0 | | | |
| 1996 | 251.4 | 143.0 | 108.3 | 34.7 | −6.4 | −2.6 | −11.1 |
| 1997 | 250.5 | 150.5 | 100.1 | 50.4 | −0.3 | 5.2 | −7.6 |
| 1998 | 222.9 | 139.3 | 83.7 | 55.6 | −11.0 | −7.4 | −16.4 |
| 1999 | 218.2 | 135.9 | 82.4 | 53.5 | −2.1 | −2.4 | −1.5 |
| 2000 | 269.4 | 156.8 | 112.6 | 44.2 | 23.4 | 15.4 | 36.7 |
| 2001 | 279.0 | 160.5 | 118.5 | 42.0 | 3.6 | 2.4 | 5.2 |
| 2002 | 306.1 | 181.3 | 124.7 | 56.6 | 9.7 | 13.0 | 5.3 |
| 2003 | 403.8 | 214.1 | 189.7 | 24.4 | 31.9 | 18.1 | 52.0 |
| 2004 | 514.5 | 233.6 | 280.9 | −47.2 | 27.4 | 9.1 | 48.1 |
| 2005 | 563.4 | 275.5 | 287.9 | −12.4 | 9.5 | 17.9 | 2.5 |
| 2006 | 635.5 | 313.8 | 321.7 | −7.8 | 12.8 | 13.9 | 11.7 |
| 2007 | 781.8 | 369.9 | 412.0 | −42.1 | 23.0 | 17.9 | 28.1 |
| 2008 | 992.4 | 404.7 | 587.7 | −183.0 | 26.9 | 9.4 | 42.7 |
| 2009 | 922.4 | 395.4 | 527.0 | −131.6 | −7.1 | −2.3 | −10.3 |
| 2010 | 1 219.3 | 493.7 | 725.5 | −231.8 | 32.2 | 24.9 | 37.7 |
| 2011 | 1 555.9 | 607.2 | 948.7 | −341.5 | 27.6 | 23.0 | 30.8 |
| 2012 | 1 757.3 | 632.5 | 1 124.8 | −492.3 | 12.9 | 4.2 | 18.6 |
| 2013 | 1 866.9 | 678.3 | 1 188.7 | −510.4 | 6.2 | 7.2 | 5.7 |
| 2014 | 1 945.0 | 719.6 | 1 225.4 | −505.8 | 4.2 | 6.1 | 3.1 |
| 2015 | 1 875.6 | 706.8 | 1 168.8 | −462.0 | −3.6 | −1.8 | −4.6 |
| 2016 | 1 845.6 | 729.9 | 1 115.7 | −385.8 | −1.6 | 3.3 | −4.5 |
| 2017 | 2 013.9 | 755.3 | 1 258.6 | −503.2 | 9.1 | 3.5 | 12.8 |

注：* 正数为顺差，负数为逆差。下同。

## 附表 2　1995—2017 年中国谷物贸易量变化情况

单位：万吨

| 年份 | 出口量 | | | | | 进口量 | | | | |
|---|---|---|---|---|---|---|---|---|---|---|
| | 谷物 | 其中 | | | | 谷物 | 其中 | | | |
| | | 小麦产品 | 玉米产品 | 稻谷产品 | 大麦产品 | | 小麦产品 | 玉米产品 | 稻谷产品 | 大麦产品 |
| 1995 | 64.9 | 22.5 | 11.5 | 5.7 | 0.2 | 2 040.4 | 1 162.7 | 526.4 | 164.5 | 127.4 |
| 1996 | 124.3 | 56.6 | 23.8 | 27.7 | 0.2 | 1 084.0 | 829.9 | 44.7 | 77.4 | 130.9 |
| 1997 | 834.8 | 45.8 | 667.1 | 95.2 | 0.7 | 417.0 | 192.2 | 0.3 | 35.9 | 187.4 |
| 1998 | 889.2 | 27.5 | 469.2 | 375.6 | 0.9 | 388.5 | 154.8 | 25.2 | 26.0 | 151.9 |
| 1999 | 738.4 | 16.4 | 433.3 | 271.7 | 0.6 | 340.1 | 50.5 | 7.9 | 19.1 | 226.9 |
| 2000 | 1 379.8 | 18.8 | 1 047.9 | 296.2 | 0.1 | 314.8 | 91.9 | 0.3 | 24.9 | 197.4 |
| 2001 | 876.9 | 71.3 | 600.0 | 187.0 | 0.1 | 344.4 | 73.9 | 3.9 | 29.3 | 236.8 |
| 2002 | 1 483.7 | 97.7 | 1 167.5 | 199.0 | 0.1 | 285.1 | 63.2 | 0.8 | 23.8 | 190.7 |
| 2003 | 2 200.4 | 251.4 | 1 639.1 | 261.7 | 0.5 | 208.7 | 44.7 | 0.1 | 25.9 | 136.3 |
| 2004 | 479.5 | 108.9 | 232.4 | 90.9 | 0.3 | 975.3 | 725.8 | 0.2 | 76.6 | 170.7 |
| 2005 | 1 017.5 | 60.5 | 864.2 | 68.6 | 0.4 | 627.2 | 353.9 | 0.4 | 52.2 | 217.9 |
| 2006 | 609.9 | 151.0 | 309.9 | 125.3 | 0.6 | 359.5 | 61.3 | 6.5 | 73.0 | 214.1 |
| 2007 | 991.2 | 307.3 | 491.8 | 134.3 | 11.8 | 155.7 | 10.1 | 3.5 | 48.7 | 91.3 |
| 2008 | 186.1 | 31.0 | 27.3 | 97.2 | 1.5 | 154.1 | 4.3 | 5.0 | 33.0 | 107.6 |
| 2009 | 137.1 | 24.5 | 13.0 | 78.6 | 1.4 | 315.1 | 90.4 | 8.4 | 35.7 | 173.8 |
| 2010 | 124.3 | 27.7 | 12.7 | 62.2 | 1.3 | 570.8 | 123.1 | 157.3 | 38.8 | 236.7 |
| 2011 | 121.5 | 32.8 | 13.6 | 51.6 | 0.6 | 544.7 | 125.8 | 175.4 | 59.8 | 177.6 |
| 2012 | 101.6 | 28.6 | 25.7 | 27.9 | 0.5 | 1 398.3 | 370.1 | 520.8 | 236.9 | 252.8 |
| 2013 | 100.1 | 27.8 | 7.8 | 47.8 | 0.1 | 1 458.5 | 553.5 | 326.6 | 227.1 | 233.5 |
| 2014 | 76.9 | 19.0 | 2.0 | 41.9 | 0.0 | 1 951.6 | 300.4 | 259.9 | 257.9 | 541.3 |
| 2015 | 53.3 | 12.2 | 1.1 | 28.7 | 0.0 | 3 271.5 | 300.7 | 473.0 | 337.7 | 1 073.2 |
| 2016 | 63.6 | 11.3 | 0.4 | 39.5 | 0.0 | 2 199.7 | 341.2 | 316.8 | 356.2 | 500.5 |
| 2017 | 161.6 | 18.3 | 8.6 | 119.7 | 0.0 | 2 560.1 | 442.2 | 282.7 | 402.6 | 886.3 |

## 附表 3 1995—2017 年中国油籽贸易量变化情况

单位：万吨

| 年份 | 出口量：油籽 | 出口量：食用油籽 | 出口量：食用油籽其中：花生 | 出口量：食用油籽其中：大豆 | 出口量：食用油籽其中：葵花籽 | 出口量：食用油籽其中：芝麻 | 进口量：油籽 | 进口量：食用油籽 | 进口量：食用油籽其中：大豆 | 进口量：食用油籽其中：油菜籽 | 进口量：食用油籽其中：芝麻 | 进口量：油籽其中：棉籽 |
|---|---|---|---|---|---|---|---|---|---|---|---|---|
| 1995 | 106.9 | 102.4 | 49.0 | 37.6 | 1.1 | 13.0 | 41.7 | 41.6 | 29.8 | 9.2 | 0.4 | 0.0 |
| 1996 | 84.0 | 80.2 | 45.6 | 19.3 | 1.9 | 11.9 | 112.3 | 112.2 | 111.4 | 0.0 | 0.5 | 0.0 |
| 1997 | 56.0 | 53.1 | 28.2 | 18.8 | 1.6 | 4.1 | 297.0 | 296.9 | 288.6 | 5.5 | 1.4 | 0.0 |
| 1998 | 57.7 | 55.2 | 32.1 | 17.2 | 0.9 | 4.4 | 461.5 | 461.4 | 320.1 | 138.6 | 1.1 | 0.0 |
| 1999 | 85.1 | 81.8 | 47.9 | 20.7 | 2.3 | 9.7 | 694.2 | 694.1 | 432.0 | 259.5 | 0.1 | 0.0 |
| 2000 | 96.4 | 92.7 | 56.0 | 21.5 | 3.7 | 10.3 | 1 340.5 | 1 340.4 | 1 041.9 | 296.9 | 0.2 | 0.0 |
| 2001 | 115.3 | 108.4 | 70.7 | 26.2 | 3.9 | 6.8 | 1 570.8 | 1 567.6 | 1 394.0 | 172.4 | 0.7 | 0.0 |
| 2002 | 127.0 | 122.8 | 77.0 | 30.5 | 2.9 | 9.8 | 1 195.5 | 1 194.5 | 1 131.5 | 61.8 | 0.4 | 0.0 |
| 2003 | 130.7 | 126.3 | 76.2 | 29.5 | 7.0 | 10.4 | 2 099.6 | 2 098.4 | 2 074.1 | 16.7 | 6.6 | 0.0 |
| 2004 | 121.8 | 117.3 | 68.9 | 34.9 | 7.6 | 4.2 | 2 078.4 | 2 076.8 | 2 023.0 | 42.4 | 9.8 | 0.0 |
| 2005 | 142.1 | 136.7 | 77.4 | 41.3 | 11.5 | 5.1 | 2 705.8 | 2 704.2 | 2 659.1 | 29.5 | 15.4 | 0.0 |
| 2006 | 127.4 | 122.4 | 66.1 | 39.5 | 11.1 | 4.6 | 2 933.4 | 2 931.7 | 2 827.0 | 73.3 | 26.4 | 0.0 |
| 2007 | 134.5 | 129.0 | 63.8 | 47.5 | 11.6 | 4.7 | 3 193.6 | 3 191.5 | 3 082.1 | 83.3 | 19.4 | 0.0 |
| 2008 | 124.0 | 119.2 | 51.4 | 48.4 | 13.3 | 4.6 | 3 902.5 | 3 900.5 | 3 743.6 | 130.3 | 21.4 | 0.1 |
| 2009 | 114.9 | 109.5 | 56.6 | 35.6 | 12.2 | 3.8 | 4 636.1 | 4 633.1 | 4 255.2 | 328.5 | 31.1 | 0.0 |
| 2010 | 92.9 | 87.7 | 51.6 | 17.3 | 14.6 | 3.5 | 5 706.4 | 5 704.6 | 5 479.7 | 160.0 | 39.1 | 1.6 |
| 2011 | 96.9 | 91.2 | 48.8 | 21.4 | 17.0 | 3.6 | 5 484.1 | 5 481.8 | 5 264.0 | 126.2 | 38.9 | 37.7 |
| 2012 | 106.5 | 100.6 | 45.1 | 32.1 | 18.4 | 4.0 | 6 230.4 | 6 228.0 | 5 838.5 | 293.0 | 39.6 | 39.4 |
| 2013 | 93.4 | 87.0 | 42.5 | 20.9 | 19.0 | 3.7 | 6 786.6 | 6 783.5 | 6 337.5 | 366.2 | 44.1 | 14.3 |
| 2014 | 94.3 | 87.2 | 44.2 | 20.7 | 17.6 | 3.8 | 7 755.0 | 7 751.8 | 7 139.9 | 508.[illegible] | 56.9 | 7.4 |
| 2015 | 90.4 | 84.2 | 41.2 | 13.4 | 25.2 | 3.5 | 8 760.3 | 8 757.1 | 8 169.4 | 447.[illegible] | 80.6 | 0.8 |
| 2016 | 93.8 | 87.4 | 41.2 | 12.8 | 29.6 | 3.0 | 8 955.9 | 8 952.9 | 8 391.3 | 356.6 | 93.2 | 7.6 |
| 2017 | 116.9 | 110.0 | 52.5 | 11.4 | 41.0 | 4.1 | 10 204.2 | 10 200.5 | 9 552.6 | 474.8 | 71.2 | 26.4 |

## 附表 4 1995—2017 年中国植物油贸易量变化情况

单位：万吨

| 年份 | 出口量 | | | | | | 进口量 | | | | | |
|---|---|---|---|---|---|---|---|---|---|---|---|---|
| | 植物油 | 其中 | | | | | 植物油 | 其中 | | | | |
| | | 食用植物油 | 其中 | | | | | 食用植物油 | 其中 | | | |
| | | | 豆油 | 花生油 | 玉米油 | 菜籽油 | | | 豆油 | 花生油 | 棕榈油 | 菜籽油 |
| 1995 | 55.0 | 51.7 | 6.6 | 1.1 | 0.3 | 17.1 | 373.6 | 362.7 | 148.2 | 1.4 | 139.7 | 63.1 |
| 1996 | 50.3 | 48.2 | 12.7 | 0.6 | 0.0 | 17.4 | 276.1 | 267.4 | 129.5 | 0.5 | 100.9 | 31.6 |
| 1997 | 86.1 | 82.4 | 55.6 | 0.9 | 0.0 | 14.1 | 285.8 | 279.9 | 122.5 | 1.1 | 115.6 | 35.1 |
| 1998 | 34.0 | 30.9 | 18.6 | 1.0 | 0.0 | 7.3 | 218.5 | 206.7 | 82.9 | 0.9 | 93.0 | 28.5 |
| 1999 | 12.6 | 10.0 | 5.3 | 1.3 | 0.0 | 2.6 | 223.1 | 214.0 | 80.4 | 1.0 | 119.4 | 6.9 |
| 2000 | 13.9 | 11.2 | 3.5 | 1.5 | 0.2 | 5.4 | 202.2 | 187.1 | 30.8 | 1.0 | 139.1 | 7.5 |
| 2001 | 15.9 | 13.4 | 5.9 | 1.4 | 0.2 | 5.4 | 200.7 | 167.5 | 7.0 | 0.9 | 151.7 | 4.9 |
| 2002 | 12.4 | 9.8 | 4.7 | 1.1 | 0.4 | 1.8 | 344.0 | 321.2 | 87.0 | 0.4 | 222.1 | 7.8 |
| 2003 | 8.1 | 6.0 | 1.1 | 2.5 | 1.3 | 0.5 | 574.4 | 541.8 | 188.4 | 0.7 | 332.5 | 15.2 |
| 2004 | 8.8 | 6.6 | 1.9 | 1.4 | 2.0 | 0.5 | 709.4 | 676.4 | 251.7 | 0.0 | 385.7 | 35.3 |
| 2005 | 24.8 | 22.8 | 6.3 | 2.0 | 10.2 | 3.1 | 663.4 | 621.3 | 169.4 | 0.0 | 433.0 | 17.8 |
| 2006 | 41.9 | 40.0 | 11.8 | 1.3 | 11.5 | 14.5 | 725.7 | 671.5 | 154.3 | 0.0 | 508.2 | 4.4 |
| 2007 | 18.4 | 16.8 | 6.6 | 1.0 | 5.9 | 2.2 | 897.9 | 839.7 | 282.3 | 1.1 | 509.5 | 37.5 |
| 2008 | 26.4 | 24.9 | 13.4 | 1.1 | 8.4 | 0.7 | 874.4 | 817.1 | 258.6 | 0.6 | 528.2 | 27.0 |
| 2009 | 12.7 | 11.6 | 6.9 | 1.0 | 1.7 | 0.9 | 1 028.7 | 950.2 | 239.1 | 2.1 | 644.1 | 46.8 |
| 2010 | 11.0 | 9.6 | 5.9 | 0.8 | 1.3 | 0.4 | 922.2 | 826.2 | 134.1 | 6.8 | 569.6 | 98.5 |
| 2011 | 13.7 | 12.4 | 5.1 | 0.9 | 5.0 | 0.3 | 850.4 | 779.8 | 114.3 | 6.1 | 591.2 | 55.1 |
| 2012 | 11.3 | 10.1 | 6.5 | 0.8 | 1.2 | 0.7 | 1 052.3 | 959.9 | 182.6 | 6.3 | 634.1 | 117.6 |
| 2013 | 12.7 | 11.7 | 9.0 | 0.7 | 0.5 | 0.6 | 1 020.1 | 922.1 | 115.8 | 6.1 | 597.9 | 152.7 |
| 2014 | 14.6 | 13.5 | 10.0 | 1.0 | 0.4 | 0.7 | 868.5 | 787.3 | 113.5 | 9.4 | 532.4 | 81.0 |
| 2015 | 15.1 | 13.7 | 10.4 | 0.9 | 0.4 | 0.5 | 938.2 | 839.1 | 81.8 | 12.8 | 590.9 | 81.5 |
| 2016 | 12.7 | 11.5 | 8.1 | 0.9 | 0.5 | 0.5 | 783.1 | 688.4 | 56.0 | 10.7 | 447.8 | 70.0 |
| 2017 | 21.4 | 20.2 | 13.3 | 0.8 | 1.0 | 2.1 | 845.2 | 742.8 | 65.3 | 10.8 | 507.9 | 75.7 |

## 附表 5 1995—2017 年中国棉花和食糖贸易变化情况

单位：万吨、亿美元

| 年 份 | 棉 花 | | | | 食 糖 | | | |
|---|---|---|---|---|---|---|---|---|
| | 出口量 | 出口额 | 进口量 | 进口额 | 出口量 | 出口额 | 进口量 | 进口额 |
| 1995 | 3.0 | 0.5 | 100.3 | 14.9 | 48.0 | 1.9 | 295.4 | 9.0 |
| 1996 | 1.2 | 0.1 | 75.1 | 12.8 | 66.5 | 2.5 | 125.5 | 3.9 |
| 1997 | 0.7 | 0.1 | 84.9 | 14.1 | 37.9 | 1.3 | 78.3 | 2.3 |
| 1998 | 5.2 | 0.6 | 31.0 | 3.8 | 43.6 | 1.2 | 50.8 | 1.5 |
| 1999 | 24.4 | 2.9 | 16.4 | 1.0 | 36.7 | 0.8 | 41.7 | 0.9 |
| 2000 | 29.9 | 3.1 | 25.1 | 1.4 | 41.5 | 0.8 | 64.1 | 1.2 |
| 2001 | 6.0 | 0.8 | 19.7 | 1.2 | 19.6 | 0.6 | 119.9 | 3.1 |
| 2002 | 15.9 | 1.7 | 24.5 | 2.0 | 32.6 | 0.8 | 118.3 | 2.4 |
| 2003 | 11.7 | 1.3 | 107.5 | 12.2 | 10.3 | 0.3 | 77.5 | 1.7 |
| 2004 | 1.2 | 0.2 | 211.4 | 32.4 | 8.5 | 0.3 | 121.4 | 2.8 |
| 2005 | 0.8 | 0.1 | 274.5 | 32.5 | 35.8 | 1.1 | 139.0 | 3.8 |
| 2006 | 1.6 | 0.3 | 398.0 | 49.8 | 15.4 | 0.6 | 136.5 | 5.5 |
| 2007 | 2.5 | 0.4 | 274.1 | 35.8 | 11.1 | 0.5 | 119.3 | 3.8 |
| 2008 | 2.4 | 0.4 | 226.4 | 35.6 | 6.2 | 0.3 | 78.0 | 3.2 |
| 2009 | 1.0 | 0.2 | 175.9 | 22.1 | 6.4 | 0.3 | 106.4 | 3.8 |
| 2010 | 0.7 | 0.1 | 312.8 | 58.5 | 9.4 | 0.6 | 176.6 | 9.1 |
| 2011 | 2.8 | 0.8 | 356.6 | 96.8 | 5.9 | 0.5 | 291.9 | 19.4 |
| 2012 | 2.3 | 0.4 | 541.3 | 120.0 | 4.7 | 0.4 | 374.7 | 22.4 |
| 2013 | 0.8 | 0.2 | 450.0 | 87.2 | 4.8 | 0.4 | 454.6 | 20.7 |
| 2014 | 1.4 | 0.3 | 266.9 | 51.6 | 4.6 | 0.4 | 348.6 | 14.9 |
| 2015 | 3.0 | 0.5 | 175.9 | 27.2 | 7.5 | 0.5 | 484.6 | 17.7 |
| 2016 | 0.8 | 0.2 | 124.0 | 17.8 | 14.9 | 0.8 | 306.2 | 11.7 |
| 2017 | 2.1 | 0.4 | 136.3 | 23.6 | 15.8 | 0.9 | 229.0 | 10.8 |

## 附表 6 1995—2017 年中国蔬菜贸易变化情况

单位：亿美元

| 年份 | 出口额 | | | | | | | | | | 进口额 | | |
|---|---|---|---|---|---|---|---|---|---|---|---|---|---|
| | 蔬菜 | 其中 | | | | | | | | | 蔬菜 | 其中 | |
| | | 鲜或冷藏的蒜头 | 干香菇 | 番茄酱罐头 | 干木耳 | 姜 | 鲜或冷藏的洋葱 | 干燥或脱水的大蒜 | 小白蘑菇（洋蘑菇）罐头 | 鲜或冷藏的胡萝卜及萝卜 | 鲜或冷藏的马铃薯，种用除外 | | 制作或保藏的冷冻马铃薯 | 蔬菜种子 |
| 1995 | 21.8 | | | 0.4 | | 0.6 | | | | 0.1 | 0.1 | 0.3 | 0.0 | 0.2 |
| 1996 | 20.7 | | | 0.4 | | 0.7 | | | | 0.1 | 0.0 | 0.4 | 0.0 | 0.2 |
| 1997 | 19.6 | | | 0.6 | | 0.5 | | | | 0.1 | 0.0 | 0.5 | 0.0 | 0.3 |
| 1998 | 19.4 | 0.7 | | 0.6 | | 0.4 | | | 1.0 | 0.1 | 0.1 | 0.6 | 0.0 | 0.3 |
| 1999 | 19.5 | 1.0 | | 0.7 | | 0.4 | | | 1.2 | 0.1 | 0.1 | 0.8 | 0.0 | 0.2 |
| 2000 | 20.9 | 1.2 | | 0.7 | | 0.6 | | | 1.4 | 0.1 | 0.0 | 1.1 | 0.2 | 0.3 |
| 2001 | 23.5 | 1.9 | | 1.2 | | 0.7 | | 0.5 | 1.2 | 0.2 | 0.1 | 1.1 | 0.4 | 0.2 |
| 2002 | 26.4 | 3.3 | | 1.9 | 0.2 | 0.7 | 0.3 | 0.5 | 1.5 | 0.2 | 0.1 | 1.1 | 0.4 | 0.3 |
| 2003 | 30.8 | 3.2 | 0.7 | 2.1 | 0.3 | 0.8 | 0.8 | 0.5 | 1.9 | 0.4 | 0.2 | 1.1 | 0.4 | 0.3 |
| 2004 | 38.1 | 3.7 | 1.5 | 2.2 | 0.3 | 1.9 | 0.8 | 0.7 | 2.1 | 0.7 | 0.3 | 1.4 | 0.5 | 0.4 |
| 2005 | 45.0 | 5.1 | 1.8 | 3.0 | 0.3 | 2.2 | 1.0 | 1.4 | 2.2 | 1.0 | 0.4 | 1.3 | 0.4 | 0.4 |
| 2006 | 54.5 | 7.3 | 1.6 | 3.6 | 0.4 | 1.7 | 1.4 | 2.3 | 2.6 | 1.4 | 0.6 | 1.5 | 0.4 | 0.5 |
| 2007 | 62.5 | 8.0 | 1.6 | 5.4 | 0.5 | 1.5 | 1.4 | 2.1 | 4.3 | 1.2 | 0.8 | 1.7 | 0.5 | 0.5 |
| 2008 | 64.8 | 5.8 | 1.3 | 7.9 | 0.8 | 2.1 | 1.3 | 1.5 | 4.2 | 1.5 | 0.8 | 1.9 | 0.6 | 0.7 |
| 2009 | 68.3 | 10.1 | 2.9 | 8.1 | 0.8 | 2.8 | 1.5 | 1.5 | 2.5 | 1.7 | 1.1 | 1.8 | 0.4 | 0.7 |
| 2010 | 99.5 | 21.6 | 6.9 | 8.1 | 1.6 | 4.3 | 2.3 | 3.6 | 3.5 | 2.0 | 1.0 | 2.8 | 0.7 | 1.1 |
| 2011 | 117.2 | 19.3 | 11.3 | 9.4 | 2.1 | 4.1 | 2.8 | 4.3 | 4.4 | 2.6 | 1.7 | 3.3 | 1.0 | 1.1 |
| 2012 | 99.7 | 12.7 | 5.3 | 9.1 | 1.5 | | 2.7 | 3.1 | 3.9 | 2.7 | 1.3 | 4.1 | 1.5 | 1.1 |
| 2013 | 115.8 | 12.8 | 12.1 | 9.7 | 3.3 | | 3.5 | 3.9 | 3.1 | 2.9 | 1.3 | 4.2 | 1.4 | 1.3 |
| 2014 | 125.0 | 13.5 | 11.9 | 9.6 | 5.6 | | 3.8 | 3.6 | 2.8 | 2.8 | 2.7 | 5.1 | 1.5 | 1.5 |
| 2015 | 132.7 | 17.1 | 13.8 | 9.1 | 6.6 | | 4.6 | 4.7 | 2.5 | 3.2 | 2.3 | 5.4 | 1.7 | 1.7 |
| 2016 | 147.2 | 24.5 | 15.0 | 7.2 | 6.3 | | 4.3 | 8.5 | 2.4 | 3.5 | 2.3 | 5.3 | 1.6 | 1.8 |
| 2017 | 155.2 | 20.2 | 19.9 | 6.5 | 7.4 | | 4.9 | 9.9 | 2.2 | 3.6 | 2.8 | 5.5 | 1.4 | 2.4 |

## 附表7 2001—2017年中国水果贸易量变化情况

单位：万吨

| 年份 | 出口 | | | | | | 进口 | | | | |
|---|---|---|---|---|---|---|---|---|---|---|---|
| | 水果 | 其中 | | | | | 水果 | 其中 | | | |
| | | 鲜苹果 | 鲜柑橘 | 鲜梨 | 苹果汁 | 柑橘属水果罐头 | | 火龙果 | 香蕉 | 鲜龙眼 | 鲜榴莲 |
| 2001 | 148.2 | 30.4 | 17.1 | 18.2 | 22.8 | 17.6 | 93.0 | 0.0 | 41.4 | 7.6 | 5.7 |
| 2002 | 199.6 | 43.9 | 21.7 | 24.3 | 29.8 | 21.9 | 101.3 | 0.0 | 34.8 | 10.7 | 5.6 |
| 2003 | 267.0 | 60.9 | 29.2 | 29.7 | 41.8 | 25.1 | 109.5 | 0.0 | 42.1 | 9.5 | 6.8 |
| 2004 | 312.9 | 77.4 | 36.1 | 31.8 | 48.7 | 28.3 | 114.6 | 1.0 | 38.1 | 10.9 | 8.5 |
| 2005 | 364.9 | 82.4 | 46.6 | 36.8 | 64.9 | 29.9 | 122.3 | 2.2 | 35.6 | 14.3 | 7.5 |
| 2006 | 370.5 | 80.4 | 43.5 | 37.5 | 67.3 | 31.6 | 137.2 | 3.5 | 33.8 | 16.8 | 8.5 |
| 2007 | 477.6 | 101.9 | 56.4 | 40.5 | 104.2 | 33.9 | 145.5 | 4.7 | 33.2 | 17.5 | 10.6 |
| 2008 | 484.4 | 115.3 | 86.2 | 44.7 | 69.3 | 35.3 | 179.2 | 11.8 | 35.2 | 19.6 | 13.9 |
| 2009 | 525.6 | 117.2 | 111.2 | 46.3 | 80.0 | 32.0 | 244.2 | 19.5 | 49.1 | 25.6 | 19.6 |
| 2010 | 507.5 | 112.3 | 93.3 | 43.8 | 78.8 | 33.6 | 275.4 | 21.8 | 65.5 | 29.1 | 17.2 |
| 2011 | 479.5 | 103.5 | 90.2 | 40.3 | 61.3 | 33.7 | 341.8 | 34.0 | [illegible] | 33.9 | 21.1 |
| 2012 | 486.4 | 97.6 | 108.2 | 41.0 | 59.2 | 33.8 | 342.5 | 46.9 | 52.5 | 32.3 | 28.7 |
| 2013 | 483.7 | 99.5 | 104.1 | 38.1 | 60.1 | 32.7 | 329.0 | 53.9 | [illegible] | 36.5 | 32.2 |
| 2014 | 436.1 | 86.5 | 98.0 | 29.7 | 45.9 | 31.5 | 400.9 | 60.4 | 112.7 | 32.6 | 31.6 |
| 2015 | 450.3 | 83.3 | 92.1 | 37.3 | 47.5 | 31.8 | 448.5 | 81.3 | 107.4 | 35.4 | 29.9 |
| 2016 | 512.4 | 132.2 | 93.4 | 45.2 | 50.7 | 31.0 | 417.9 | 52.3 | [illegible] | 34.8 | 29.2 |
| 2017 | 520.1 | 133.5 | 26.9 | 51.9 | 65.6 | 29.1 | 474.7 | 53.3 | 103.9 | 52.9 | 22.4 |

## 附表 8 1995—2017 年中国茶叶贸易情况

单位：千吨、万美元

| 年份 | 出口 | | | | | | 进口 | | | | | |
|---|---|---|---|---|---|---|---|---|---|---|---|---|
| | 出口量 | | | 出口额 | | | 进口量 | | | 进口额 | | |
| | 茶 | 其中 | | 茶 | 其中 | | 茶 | 其中 | | 茶 | 其中 | |
| | | 绿茶 | 红茶 | | 绿茶 | 红茶 | | 红茶 | 绿茶 | | 红茶 | 绿茶 |
| 1995 | 167.5 | 66.9 | 68.0 | 27 907.4 | 11 052.0 | 8 933.4 | 2.3 | 1.9 | 0.3 | 192.0 | 111.6 | 46.1 |
| 1996 | 171.3 | 55.9 | 81.0 | 28 749.9 | 8 962.3 | 11 257.4 | 1.7 | 1.1 | 0.4 | 149.2 | 76.1 | 44.3 |
| 1997 | 204.3 | 78.8 | 87.1 | 33 914.3 | 12 441.7 | 12 314.9 | 1.0 | 0.6 | 0.2 | 135.2 | 52.1 | 42.3 |
| 1998 | 219.6 | 111.7 | 69.6 | 37 823.9 | 18 065.2 | 10 263.3 | 1.3 | 0.7 | 0.3 | 297.4 | 62.9 | 160.6 |
| 1999 | 200.9 | 121.6 | 33.6 | 34 489.3 | 18 942.9 | 4 657.8 | 2.0 | 0.6 | 1.0 | 414.0 | 50.1 | 247.6 |
| 2000 | 232.0 | 155.3 | 29.4 | 35 696.7 | 21 786.8 | 3 608.6 | 2.6 | 0.8 | 1.4 | 461.8 | 73.4 | 282.0 |
| 2001 | 255.1 | 163.2 | 40.9 | 35 242.9 | 19 952.5 | 4 127.5 | 1.8 | 0.6 | 0.9 | 359.3 | 46.8 | 205.8 |
| 2002 | 256.0 | 170.4 | 40.8 | 33 998.5 | 20 292.5 | 3 880.7 | 1.8 | 0.7 | 0.8 | 303.2 | 56.4 | 164.1 |
| 2003 | 261.9 | 181.7 | 37.8 | 37 601.5 | 24 112.3 | 3 631.2 | 3.0 | 1.6 | 0.9 | 477.5 | 84.9 | 252.3 |
| 2004 | 284.3 | 196.2 | 39.4 | 45 186.4 | 29 438.7 | 4 118.0 | 2.5 | 0.3 | 1.6 | 687.0 | 50.5 | 411.4 |
| 2005 | 291.1 | 206.2 | 35.8 | 50 104.7 | 33 078.7 | 3 994.4 | 3.1 | 0.7 | 1.8 | 920.6 | 99.3 | 518.7 |
| 2006 | 304.3 | 218.7 | 31.5 | 57 445.7 | 39 020.2 | 4 245.1 | 3.8 | 1.0 | 1.9 | 1 124.8 | 137.1 | 504.3 |
| 2007 | 295.4 | 223.7 | 30.3 | 63 822.4 | 43 139.9 | 4 319.5 | 6.0 | 1.5 | 3.5 | 1 878.2 | 185.4 | 875.7 |
| 2008 | 303.9 | 223.3 | 40.3 | 71 591.8 | 48 692.5 | 6 234.4 | 6.2 | 0.9 | 4.0 | 2 653.3 | 197.7 | 1 292.5 |
| 2009 | 308.9 | 229.3 | 40.1 | 73 981.4 | 52 453.2 | 6 437.6 | 4.7 | 0.7 | 3.1 | 2 442.8 | 224.0 | 1 198.4 |
| 2010 | 308.8 | 234.3 | 36.6 | 82 523.4 | 56 678.7 | 7 984.6 | 13.5 | 1.1 | 11.2 | 5 722.6 | 360.7 | 3 786.6 |
| 2011 | 329.5 | 257.4 | 35.6 | 101 756.8 | 70 638.4 | 10 872.4 | 14.9 | 1.6 | 11.9 | 6 648.1 | 390.4 | 4 690.9 |
| 2012 | 323.3 | 248.7 | 35.8 | 112 100.3 | 75 566.6 | 11 883.3 | 19.5 | 4.7 | 13.2 | 7 733.9 | 859.0 | 5 426.8 |
| 2013 | 335.4 | 264.5 | 32.9 | 134 117.9 | 93 249.3 | 12 836.5 | 20.7 | 6.2 | 12.7 | 8 267.8 | 1 107.9 | 5 328.3 |
| 2014 | 312.8 | 249.2 | 27.8 | 137 864.7 | 95 260.1 | 14 500.8 | 23.7 | 4.5 | 17.1 | 9 990.4 | 865.0 | 6 900.4 |
| 2015 | 336.5 | 272.1 | 28.1 | 148 834.8 | 100 535.2 | 20 634.2 | 24.3 | 2.4 | 18.8 | 12 006.5 | 842.6 | 7 705.9 |
| 2016 | 340.9 | 270.9 | 33.1 | 160 207.2 | 106 480.7 | 25 625.6 | 24.2 | 1.6 | 19.3 | 12 383.3 | 815.6 | 8 176.4 |
| 2017 | 367.0 | 294.6 | 35.6 | 172 910.4 | 113 396.4 | 27 769.1 | 32.0 | 25.5 | 2.2 | 16 857.7 | 10 664.3 | 1 180.0 |

## 附表 9 1995—2017 年中国畜产品贸易变化情况

单位：亿美元

| 年份 | 出口额 | | | | | 进口额 | | | | | | |
|---|---|---|---|---|---|---|---|---|---|---|---|---|
| | 畜产品 | 其中 | | | | 畜产品 | 其中 | | | | | |
| | | 家禽产品 | 生猪产品 | 牛产品 | 动物毛 | | 乳制品 | 动物生皮 | 动物毛 | 生猪产品 | 牛产品 | 家禽产品 |
| 1995 | 28.2 | 7.8 | 6.9 | 2.1 | 1.6 | 14.8 | 0.6 | 3.5 | 6.8 | 0.1 | 0.1 | 1.0 |
| 1996 | 28.6 | 9.3 | 6.3 | 1.8 | 1.3 | 14.1 | 0.5 | 3.2 | 6.1 | 0.1 | 0.2 | 1.6 |
| 1997 | 27.4 | 8.5 | 6.1 | 1.6 | 1.6 | 13.8 | 0.6 | 3.6 | 5.2 | 0.1 | 0.2 | 1.4 |
| 1998 | 24.6 | 7.5 | 5.8 | 1.5 | 1.3 | 13.3 | 0.8 | 3.5 | 4.2 | 0.2 | 0.2 | 1.2 |
| 1999 | 22.4 | 8.2 | 4.2 | 1.0 | 0.9 | 18.5 | 1.6 | 3.5 | 4.6 | 0.6 | 0.3 | 4.2 |
| 2000 | 25.9 | 9.9 | 4.1 | 1.0 | 1.1 | 26.5 | 2.1 | 5.6 | 7.8 | 1.1 | 0.4 | 4.9 |
| 2001 | 26.6 | 10.6 | 4.8 | 1.1 | 1.0 | 27.9 | 2.2 | 7.8 | 8.1 | 1.0 | 0.4 | 4.6 |
| 2002 | 25.7 | 9.5 | 5.7 | 0.8 | 0.9 | 28.8 | 2.7 | 7.1 | 8.2 | 1.3 | 0.7 | 4.5 |
| 2003 | 27.2 | 8.5 | 6.6 | 0.9 | 1.0 | 33.4 | 3.5 | 9.0 | 7.8 | 2.0 | 1.4 | 4.9 |
| 2004 | 31.9 | 6.5 | 9.7 | 1.3 | 1.3 | 40.4 | 4.4 | 12.5 | 11.1 | 2.4 | 2.3 | 1.7 |
| 2005 | 36.0 | 9.1 | 9.5 | 1.8 | 1.6 | 42.3 | 4.6 | 13.2 | 12.5 | 1.8 | 1.0 | 3.6 |
| 2006 | 37.3 | 9.3 | 9.9 | 1.8 | 1.6 | 45.6 | 5.6 | 14.4 | 12.9 | 1.6 | 0.4 | 4.9 |
| 2007 | 40.5 | 10.6 | 9.1 | 1.9 | 1.8 | 64.7 | 7.4 | 16.2 | 18.1 | 4.7 | 0.6 | 9.8 |
| 2008 | 43.9 | 9.9 | 9.6 | 2.0 | 1.8 | 77.3 | 8.6 | 18.5 | 17.3 | 11.0 | 0.6 | 11.3 |
| 2009 | 39.1 | 10.2 | 9.0 | 1.7 | 1.2 | 66.0 | 10.3 | 14.4 | 15.1 | 5.3 | 1.3 | 10.3 |
| 2010 | 47.5 | 13.4 | 10.1 | 2.2 | 1.8 | 96.6 | 19.7 | 20.3 | 20.2 | 10.0 | 3.0 | 10.0 |
| 2011 | 59.9 | 17.5 | 11.8 | 2.6 | 2.4 | 134.0 | 26.2 | 27.8 | 29.3 | 21.4 | 3.7 | 9.2 |
| 2012 | 64.4 | 18.7 | 12.3 | 2.4 | 2.1 | 149.0 | 32.1 | 30.1 | 27.2 | 24.3 | 6.5 | 10.0 |
| 2013 | 65.2 | 18.4 | 12.6 | 1.9 | 2.1 | 195.1 | 51.9 | 35.7 | 28.7 | 25.6 | 16.0 | 10.7 |
| 2014 | 68.5 | 18.5 | 13.8 | 2.1 | 2.2 | 221.7 | 79.8 | 34.3 | 25.5 | 24.9 | 19.7 | 9.2 |
| 2015 | 58.9 | 16.5 | 12.3 | 1.8 | 2.0 | 204.5 | 57.0 | 30.6 | 26.2 | 27.5 | 27.8 | 9.5 |
| 2016 | 56.4 | 15.1 | 11.8 | 1.8 | 2.3 | 234.0 | 64.4 | 22.1 | 24.8 | 53.1 | 28.2 | 13.1 |
| 2017 | 63.6 | 16.7 | 11.6 | 1.5 | 2.6 | 256.2 | 89.0 | 22.0 | 29.0 | 41.9 | 33.6 | 10.5 |

## 附表 10 1995—2017 年中国水产品贸易情况

单位：亿美元

| 年份 | 出口额 | | | | | | 进口额 | | | |
|---|---|---|---|---|---|---|---|---|---|---|
| | 水产品 | 其中 | | | | | 水产品 | 其中 | | |
| | | 贝类及软体动物 | 罗非鱼 | 对虾 | 螃蟹 | 鳗鱼 | | 饲料用鱼粉 | 鳕鱼 | 墨鱼及鱿鱼 |
| 1995 | 32.9 | 5.7 | | 1.5 | 1.4 | 0.8 | 9.6 | 3.3 | 0.9 | 0.4 |
| 1996 | 30.3 | 5.1 | | 0.5 | 1.2 | 0.5 | 12.1 | 5.7 | 1.0 | 0.5 |
| 1997 | 31.5 | 4.5 | | 0.6 | 1.0 | 7.9 | 12.1 | 6.3 | 1.2 | 0.3 |
| 1998 | 28.4 | 3.8 | | 0.5 | 0.9 | 6.8 | 10.3 | 3.1 | 2.6 | 0.3 |
| 1999 | 31.3 | 4.2 | | 0.5 | 1.0 | 6.9 | 13.0 | 3.6 | 2.8 | 0.6 |
| 2000 | 38.2 | 4.5 | | 0.9 | 1.3 | 7.7 | 18.5 | 5.7 | 3.4 | 1.4 |
| 2001 | 41.7 | 4.8 | | 1.1 | 1.6 | 6.6 | 18.7 | 4.8 | 4.3 | 1.2 |
| 2002 | 46.8 | 5.8 | 0.5 | 1.5 | 2.1 | 6.2 | 22.8 | 6.3 | 5.5 | 1.2 |
| 2003 | 54.7 | 5.5 | 1.0 | 2.4 | 2.7 | 5.3 | 24.9 | 5.2 | 6.1 | 0.9 |
| 2004 | 69.5 | 6.7 | 1.6 | 2.7 | 3.8 | 8.6 | 32.4 | 7.6 | 7.6 | 1.7 |
| 2005 | 79.0 | 6.3 | 2.3 | 2.1 | 3.4 | 7.5 | 41.2 | 10.8 | 10.2 | 1.7 |
| 2006 | 93.6 | 6.8 | 3.7 | 1.1 | 3.9 | 7.4 | 43.0 | 9.4 | 10.1 | 2.3 |
| 2007 | 97.5 | 6.8 | 4.9 | 0.5 | 3.8 | 6.8 | 47.2 | 10.1 | 10.6 | 2.7 |
| 2008 | 106.7 | 7.2 | 7.3 | 0.5 | 4.8 | 5.6 | 54.1 | 14.0 | 8.8 | 3.5 |
| 2009 | 108.0 | 10.8 | 7.1 | 5.3 | 4.3 | 5.4 | 52.6 | 13.0 | 4.7 | 2.8 |
| 2010 | 138.3 | 16.6 | 10.1 | 6.8 | 5.2 | 8.0 | 65.4 | 16.6 | 5.4 | 3.3 |
| 2011 | 177.9 | 21.6 | 11.1 | 7.9 | 8.8 | 10.9 | 80.2 | 17.5 | 7.6 | 5.0 |
| 2012 | 189.8 | 36.1 | 11.6 | 14.3 | 10.8 | 12.0 | 80.0 | 16.9 | 15.7 | 5.3 |
| 2013 | 202.6 | 42.2 | 14.5 | 17.1 | 10.8 | 10.5 | 86.4 | 16.7 | 15.8 | 5.6 |
| 2014 | 217.0 | 49.3 | 15.2 | 17.4 | 12.0 | 10.0 | 91.9 | 15.6 | 16.9 | 6.2 |
| 2015 | 203.3 | 49.5 | 13.0 | 12.1 | 12.1 | 9.9 | 89.8 | 17.9 | 14.8 | 4.5 |
| 2016 | 207.4 | 51.0 | 12.2 | 14.3 | 10.9 | 9.1 | 93.7 | 16.1 | 14.8 | 3.2 |
| 2017 | 211.5 | 51.5 | 7.1 | 15.3 | 11.1 | 0.1 | 113.5 | 22.2 | 16.4 | 6.0 |

注：2001 年以前罗非鱼没有单独税码。

## 附表 11 2017年中国农产品贸易情况

单位：亿美元、%

| 产　品 | 出口额 | 比上年增长 | 出口额占比重 | 产　品 | 进口额 | 比上年增长 | 进口额占比重 |
|---|---|---|---|---|---|---|---|
| 农产品 | 755.3 | 3.5 | 100.0 | 农产品 | 1 258.6 | 12.8 | 100.0 |
| 水产品 | 211.5 | 2.0 | 28.0 | 油籽 | 430.5 | 16.2 | 34.2 |
| 蔬菜 | 155.2 | 5.4 | 20.5 | 畜产品 | 256.2 | 9.5 | 20.4 |
| 水果 | 70.8 | −0.9 | 9.4 | 水产品 | 113.5 | 21.0 | 9.0 |
| 畜产品 | 63.6 | 12.7 | 8.4 | 植物油 | 71.7 | 15.2 | 5.7 |
| 饮品类 | 47.6 | −7.9 | 6.3 | 饮品类 | 65.6 | 1.0 | 5.2 |
| 粮食制品 | 19.2 | 0.6 | 2.5 | 粮食（谷物） | 64.9 | 13.7 | 5.2 |
| 油籽 | 17.7 | 14.8 | 2.3 | 水果 | 62.6 | 7.6 | 5.0 |
| 糖料及糖 | 17.6 | 3.1 | 2.3 | 棉麻丝 | 30.1 | 24.1 | 2.4 |
| 坚果 | 11.9 | 0.2 | 1.6 | 粮食制品 | 20.4 | 8.5 | 1.6 |
| 药材 | 9.5 | −4.7 | 1.3 | 糖料及糖 | 14.9 | −2.0 | 1.2 |
| 粮食（谷物） | 8.0 | 57.8 | 1.1 | 粮食（薯类） | 14.6 | 3.6 | 1.2 |
| 干豆（不含大豆） | 6.1 | −13.6 | 0.8 | 坚果 | 9.1 | 33.4 | 0.7 |
| 饼粕 | 4.9 | −43.8 | 0.6 | 蔬菜 | 5.5 | 4.3 | 0.4 |
| 棉麻丝 | 4.1 | 9.9 | 0.5 | 干豆（不含大豆） | 5.2 | 20.1 | 0.4 |
| 精油 | 3.5 | −16.5 | 0.5 | 饼粕 | 4.3 | 90.3 | 0.3 |
| 植物油 | 3.1 | 31.2 | 0.4 | 花卉 | 2.8 | 24.0 | 0.2 |
| 花卉 | 2.9 | 0.7 | 0.4 | 精油 | 2.0 | 8.0 | 0.2 |
| 调味香料 | 1.8 | 24.4 | 0.2 | 药材 | 0.9 | −7.1 | 0.1 |
| 粮食（薯类） | 0.6 | 136.4 | 0.1 | 调味香料 | 0.2 | 107.4 | 0.0 |
| 其他农产品 | 95.9 | 10.6 | 12.7 | 其他农产品 | 83.4 | 6.3 | 6.6 |

## 附表 12 2017 年各省（自治区、直辖市）农产品贸易情况

单位：亿美元、%

| 省 份 | 出口额 | 比上年增长 | 进口额 | 比上年增长 | 贸易额 | 排序 | | |
|---|---|---|---|---|---|---|---|---|
| | | | | | | 出口额 | 进口额 | 贸易额 |
| 全国合计 | 755.3 | 3.5 | 1 258.6 | 12.8 | 2 013.9 | | | |
| 山东 | 185.5 | 5.1 | 163.4 | 7.4 | 348.9 | 1 | 3 | 1 |
| 广东 | 94.3 | −0.9 | 252.7 | 7.0 | 347.0 | 2 | 1 | 2 |
| 福建 | 87.4 | −0.9 | 60.2 | 18.6 | 147.7 | 3 | 7 | 5 |
| 辽宁 | 50.2 | 11.5 | 73.0 | 8.7 | 123.2 | 4 | 6 | 6 |
| 浙江 | 49.7 | 3.8 | 55.0 | 16.8 | 104.7 | 5 | 8 | 7 |
| 云南 | 43.6 | −0.6 | 7.9 | 16.1 | 51.5 | 6 | 18 | 11 |
| 江苏 | 35.7 | −6.2 | 188.9 | 22.8 | 224.5 | 7 | 2 | 3 |
| 河南 | 23.1 | 11.6 | 16.8 | 8.4 | 39.9 | 8 | 12 | 13 |
| 湖北 | 19.8 | 12.9 | 10.3 | 14.8 | 30.1 | 9 | 15 | 14 |
| 河北 | 18.1 | 2.6 | 39.3 | 30.8 | 57.4 | 10 | 11 | 10 |
| 上海 | 14.0 | 1.2 | 135.1 | 15.8 | 149.1 | 11 | 4 | 4 |
| 吉林 | 13.9 | 7.0 | 10.6 | 4.0 | 24.5 | 12 | 14 | 16 |
| 安徽 | 13.4 | 10.9 | 13.7 | 3.0 | 27.1 | 13 | 13 | 15 |
| 黑龙江 | 12.2 | 4.5 | 5.2 | 23.1 | 17.4 | 14 | 20 | 18 |
| 广西 | 11.8 | −10.1 | 54.2 | 25.2 | 66.0 | 15 | 9 | 9 |
| 湖南 | 11.6 | 13.1 | 9.9 | 39.4 | 21.6 | 16 | 16 | 17 |
| 内蒙 | 8.9 | 8.8 | 4.8 | −14.9 | 13.7 | 17 | 21 | 19 |
| 天津 | 8.4 | −2.8 | 81.1 | 0.8 | 89.5 | 18 | 5 | 8 |
| 新疆 | 7.9 | 8.6 | 4.6 | 30.4 | 12.5 | 19 | 22 | 21 |
| 陕西 | 7.3 | 16.7 | 4.1 | 50.1 | 11.4 | 20 | 23 | 22 |
| 四川 | 6.3 | 12.4 | 6.7 | 47.2 | 13.0 | 21 | 19 | 20 |
| 江西 | 6.0 | 7.8 | 3.7 | 0.2 | 9.6 | 22 | 24 | 24 |
| 贵州 | 5.8 | 17.0 | 0.3 | 4.1 | 6.1 | 23 | 29 | 26 |
| 海南 | 5.3 | 5.0 | 3.1 | 24.6 | 8.4 | 24 | 25 | 25 |
| 北京 | 4.6 | 7.8 | 43.6 | 10.0 | 48.2 | 25 | 10 | 12 |
| 甘肃 | 3.8 | 0.7 | 0.5 | 102.2 | 4.3 | 26 | 27 | 27 |
| 山西 | 3.1 | 38.0 | 0.8 | −61.0 | 3.9 | 27 | 26 | 28 |
| 宁夏 | 1.6 | 27.7 | 0.4 | −25.3 | 2.0 | 28 | 28 | 29 |
| 重庆 | 1.2 | −22.5 | 8.6 | 28.0 | 9.8 | 29 | 17 | 23 |
| 西藏 | 0.5 | −21.1 | 0.0 | −11.1 | 0.5 | 30 | 31 | 30 |
| 青海 | 0.3 | 35.3 | 0.2 | 823.1 | 0.5 | 31 | 30 | 31 |

## 附表 13　2017 年中国主要农产品出口额前十位的省（自治区、直辖市）及所占比重

单位：亿美元、%

| 产品 | 前十位的省（自治区、直辖市）及其出口额 | | | | | | | | | | 前十位合计 | | 全国出口额合计 |
|---|---|---|---|---|---|---|---|---|---|---|---|---|---|
| | 1 | 2 | 3 | 4 | 5 | 6 | 7 | 8 | 9 | 10 | 出口额 | 所占比重 | |
| 水产品 | 福建 | 山东 | 广东 | 辽宁 | 浙江 | 海南 | 江苏 | 广西 | 河北 | 江西 | | | |
| | 58.2 | 48.8 | 34.4 | 29.6 | 18.6 | 4.8 | 3.7 | 3.0 | 2.6 | 1.8 | 2[illegible]5.4 | 97.1 | 211.5 |
| 蔬菜 | 山东 | 河南 | 云南 | 福建 | 湖北 | 江苏 | 浙江 | 广东 | 新疆 | 天津 | | | |
| | 61.6 | 15.1 | 13.8 | 12.8 | 11.7 | 9.3 | 4.4 | 4.3 | 3.3 | 2.5 | 138.8 | 89.4 | 155.2 |
| 畜产品 | 山东 | 广东 | 江苏 | 浙江 | 湖南 | 河南 | 辽宁 | 河北 | 上海 | 安徽 | | | |
| | 10.8 | 9.5 | 8.3 | 5.3 | 4.7 | 3.8 | 3.7 | 3.3 | 2.2 | 2.1 | [illegible].8 | 84.7 | 63.6 |
| 水果 | 山东 | 云南 | 福建 | 陕西 | 河北 | 浙江 | 广东 | 辽宁 | 山西 | 新疆 | | | |
| | 17.1 | 16.3 | 5.5 | 5.1 | 3.3 | 3.1 | 2.7 | 2.4 | 2.3 | 2.0 | [illegible].7 | 84.3 | 70.8 |
| 饮品 | 广东 | 浙江 | 贵州 | 云南 | 福建 | 安徽 | 上海 | 湖北 | 四川 | 山东 | | | |
| | 15.9 | 6.8 | 3.8 | 3.6 | 3.5 | 2.6 | 1.6 | 1.4 | 1.3 | 1.1 | 4[illegible].7 | 87.6 | 47.6 |
| 粮食制品 | 广东 | 山东 | 江苏 | 辽宁 | 福建 | 安徽 | 浙江 | 河北 | 上海 | 北京 | | | |
| | 19.2 | 5.4 | 4.8 | 1.5 | 1.4 | 1.1 | 0.9 | 0.8 | 0.6 | 0.6 | [illegible]5 | 17.5 | 91.3 |
| 油籽 | 山东 | 内蒙 | 吉林 | 天津 | 辽宁 | 云南 | 安徽 | 黑龙江 | 江苏 | 河南 | | | |
| | 9.2 | 3.0 | 0.7 | 0.6 | 0.6 | 0.5 | 0.4 | 0.4 | 0.2 | 0.2 | 1[illegible].9 | 97.2 | 16.4 |
| 糖料及糖 | 广东 | 山东 | 福建 | 吉林 | 河北 | 天津 | 江苏 | 辽宁 | 安徽 | 上海 | | | |
| | 6.6 | 3.9 | 1.5 | 1.1 | 1.0 | 1.0 | 0.8 | 0.4 | 0.3 | 0.3 | 1[illegible].8 | 95.5 | 17.6 |
| 药材 | 广东 | 安徽 | 广西 | 湖南 | 天津 | 吉林 | 四川 | 宁夏 | 浙江 | 甘肃 | | | |
| | 1.4 | 1.3 | 1.0 | 0.6 | 0.6 | 0.5 | 0.4 | 0.4 | 0.4 | 0.4 | [illegible].1 | 74.7 | 9.5 |
| 坚果 | 吉林 | 黑龙江 | 山东 | 河北 | 辽宁 | 广东 | 新疆 | 天津 | 内蒙 | 安徽 | | | |
| | 2.3 | 1.6 | 1.4 | 1.3 | 1.0 | 0.9 | 0.8 | 0.6 | 0.5 | 0.5 | 1[illegible].0 | 92.2 | 11.9 |

## 附表 14 2017 年中国主要农产品进口额前十位的省（自治区、直辖市）及所占比重

单位：亿美元、%

| 产品 | 前十位的省（自治区、直辖市）及其进口额 | | | | | | | | | | 前十位合计 | | 全国进口额合计 |
|---|---|---|---|---|---|---|---|---|---|---|---|---|---|
| | 1 | 2 | 3 | 4 | 5 | 6 | 7 | 8 | 9 | 10 | 进口额 | 所占比重 | |
| 食用油籽 | 江苏 | 山东 | 广东 | 广西 | 辽宁 | 河北 | 天津 | 福建 | 浙江 | 河南 | | | |
| | 91.1 | 83.1 | 58.7 | 44.4 | 25.9 | 25.7 | 23.3 | 23.2 | 9.7 | 8.1 | 393.2 | 91.4 | 430.2 |
| 畜产品 | 广东 | 上海 | 天津 | 江苏 | 浙江 | 山东 | 辽宁 | 北京 | 福建 | 河北 | | | |
| | 53.2 | 41.3 | 32.0 | 30.4 | 16.6 | 15.0 | 13.7 | 12.2 | 8.7 | 7.1 | 230.3 | 89.9 | 256.2 |
| 水产品 | 山东 | 辽宁 | 广东 | 上海 | 福建 | 浙江 | 北京 | 吉林 | 江苏 | 天津 | | | |
| | 27.1 | 21.5 | 18.1 | 17.3 | 10.0 | 4.6 | 4.6 | 2.5 | 2.1 | 1.6 | 109.5 | 96.5 | 113.5 |
| 食用植物油 | 江苏 | 天津 | 广东 | 上海 | 山东 | 广西 | 福建 | 浙江 | 北京 | 河北 | | | |
| | 21.4 | 8.7 | 8.6 | 5.3 | 3.9 | 2.0 | 1.9 | 1.5 | 0.9 | 0.5 | 54.8 | 96.4 | 56.8 |
| 粮食(谷物) | 广东 | 江苏 | 山东 | 广西 | 辽宁 | 福建 | 浙江 | 上海 | 湖北 | 北京 | | | |
| | 27.9 | 10.9 | 3.4 | 2.8 | 2.5 | 2.4 | 2.2 | 1.5 | 1.4 | 1.3 | 56.2 | 86.5 | 64.9 |
| 棉花 | 山东 | 江苏 | 湖北 | 新疆 | 广东 | 浙江 | 北京 | 上海 | 江西 | 安徽 | | | |
| | 11.2 | 5.7 | 1.3 | 0.9 | 0.8 | 0.7 | 0.6 | 0.4 | 0.4 | 0.3 | 22.3 | 94.6 | 23.6 |
| 水果 | 广东 | 上海 | 北京 | 辽宁 | 福建 | 天津 | 云南 | 山东 | 海南 | 浙江 | | | |
| | 27.9 | 16.8 | 4.2 | 2.7 | 2.0 | 1.9 | 1.8 | 1.4 | 1.1 | 0.9 | 60.7 | 97.0 | 62.6 |
| 饮品 | 上海 | 广东 | 福建 | 浙江 | 北京 | 山东 | 天津 | 江苏 | 辽宁 | 黑龙江 | | | |
| | 21.5 | 19.4 | 5.9 | 4.0 | 3.9 | 3.1 | 2.4 | 1.9 | 0.9 | 0.4 | 63.5 | 96.7 | 65.6 |
| 粮食(薯类) | 江苏 | 山东 | 广西 | 安徽 | 云南 | 湖北 | 上海 | 河北 | 广东 | 河南 | | | |
| | 8.1 | 3.3 | 1.4 | 1.0 | 0.2 | 0.2 | 0.1 | 0.1 | 0.1 | 0.1 | 14.5 | 99.0 | 14.6 |
| 糖料及糖 | 广东 | 辽宁 | 北京 | 山东 | 上海 | 福建 | 河北 | 天津 | 云南 | 江苏 | | | |
| | 3.0 | 2.9 | 1.5 | 1.2 | 1.1 | 1.1 | 0.9 | 0.9 | 0.6 | 0.6 | 13.8 | 92.8 | 14.9 |

# 附表 15 2017 年中国农产品主要出口市场和进口来源地

单位：亿美元、%

| 排序 | 出口市场 | | | | 进口来源地 | | | |
|---|---|---|---|---|---|---|---|---|
| | 国家（地区） | 出口额 | 比上年增长 | 所占比重 | 国家（地区） | 进口额 | 比上年增长 | 所占比重 |
| 1 | 日本 | 102.4 | 1.9 | 13.6 | 美国 | 241.2 | 0.9 | 19.2 |
| 2 | 中国香港 | 98.4 | −1.2 | 13.0 | 巴西 | 241.1 | 26.4 | 19.2 |
| 3 | 美国 | 77.3 | 4.1 | 10.2 | 澳大利亚 | 90.0 | 34.4 | 7.2 |
| 4 | 韩国 | 47.7 | 2.0 | 6.3 | 加拿大 | 66.3 | 23.7 | 5.3 |
| 5 | 越南 | 45.8 | 18.4 | 6.1 | 新西兰 | 60.0 | 33.2 | 4.8 |
| 6 | 泰国 | 31.2 | −11.7 | 4.1 | 印度尼西亚 | 49.5 | 25.8 | 3.9 |
| 7 | 中国台湾 | 24.8 | 7.7 | 3.3 | 泰国 | 46.9 | 8.6 | 3.7 |
| 8 | 马来西亚 | 24.1 | −8.1 | 3.2 | 法国 | 39.1 | 18.9 | 3.1 |
| 9 | 印度尼西亚 | 23.4 | 13.4 | 3.1 | 阿根廷 | 36.6 | −13.1 | 2.9 |
| 10 | 菲律宾 | 20.4 | 5.1 | 2.7 | 越南 | 29.6 | 3.4 | 2.4 |
| 11 | 俄罗斯 | 19.8 | 1.9 | 2.6 | 马来西亚 | 25.9 | 9.9 | 2.1 |
| 12 | 德国 | 19.0 | 1.2 | 2.5 | 荷兰 | 23.0 | 6.5 | 1.8 |
| 13 | 荷兰 | 16.2 | 15.4 | 2.1 | 智利 | 22.2 | −3.8 | 1.8 |
| 14 | 加拿大 | 11.4 | 5.3 | 1.5 | 德国 | 22.0 | −7.3 | 1.7 |
| 15 | 英国 | 10.8 | 3.4 | 1.4 | 俄罗斯 | 21.2 | 6.4 | 1.7 |
| 16 | 西班牙 | 10.5 | 11.2 | 1.4 | 乌拉圭 | 18.8 | 32.6 | 1.5 |
| 17 | 澳大利亚 | 10.1 | 2.3 | 1.3 | 秘鲁 | 17.5 | 66.0 | 1.4 |
| 18 | 新加坡 | 8.2 | −9.9 | 1.1 | 西班牙 | 14.7 | 1.8 | 1.2 |
| 19 | 墨西哥 | 7.4 | 9.1 | 1.0 | 丹麦 | 13.6 | −13.6 | 1.1 |
| 20 | 印度 | 6.7 | 5.5 | 0.9 | 乌克兰 | 11.3 | −10.8 | 0.9 |
| 前 20 位合计 | | 615.6 | 2.7 | 81.5 | | 1 090.5 | 13.5 | 86.6 |

图书在版编目（CIP）数据

中国农产品贸易发展报告．2018／农业农村部国际合作司，农业农村部农业贸易促进中心编．—北京：中国农业出版社，2018.11
ISBN 978-7-109-24777-2

Ⅰ.①中…　Ⅱ.①农…②农…　Ⅲ.①农产品—国际贸易—研究报告—中国—2018　Ⅳ.①F752.652

中国版本图书馆CIP数据核字（2018）第249070号

中国农业出版社出版
（北京市朝阳区麦子店街18号楼）
（邮政编码 100125）
责任编辑　赵　刚

中国农业出版社印刷厂印刷　　新华书店北京发行所发行
2018年11月第1版　　2018年11月北京第1次印刷

开本：889mm×1194mm　1/16　　印张：9.5
字数：150千字
定价：120.00元